Mitteilungen

der

Internationalen Kriminalistischen Vereinigung.

Elfter Band.

Beilage.

Bulletin

de

l'Union Internationale de Droit Pénal.

Onzième volume.

Supplément.

Im Auftrage des Gesamtvorstandes

redigiert von

Dr. jur. et phil. **Ernst Rosenfeld,**

Gerichtsassessor.

Gottschalk: Materialien zur Lehre von der verminderten Zurechnungsfähigkeit.

Berlin 1904.

J. Guttentag, Verlagsbuchhandlung,

G. m. b. H.

Materialien

zur Lehre

von der

verminderten Zurechnungsfähigkeit.

Im Auftrage

der kriminal-psychologischen Sektion
des kriminalistischen Seminars der Universität Berlin

herausgegeben

von

Dr. **Alfred Gottschalk.**

Berlin 1904.
J. Guttentag, Verlagsbuchhandlung,
G. m. b. H.

Vorwort.

Als im Jahre 1869 der erste Entwurf eines Strafgesetzbuchs für den Norddeutschen Bund im § 47 eine Bestimmung über die Bestrafung der gemindert Zurechnungsfähigen brachte, entstand zwischen Juristen und Ärzten ein lebhafter Meinungsaustausch über die Annahme einer derartigen Vorschrift im Gesetze. Es wurde, wie bekannt, schliefslich von der Aufnahme einer Bestimmung Abstand genommen, da man der Meinung war, dafs durch das System der mildernden Umstände hier genügender Schutz gewährt sei. Fast zwei Jahrzente lang ruhte dann der Streit, bis durch einen von Jolly im Verein Deutscher Irrenärzte am 16. September 1887 in Frankfurt a. M. gehaltenen Vortrag die Frage wieder ins Rollen kam. Im Jahre 1888 erstattete Mendel auf der Jahresversammlung des Vereins über die Vorschläge Jollys ein Referat, in welchem er einen abwartenden Standpunkt einnahm. Es wurde ein Antrag Mendel-Schüle angenommen, nach welchem eine Sammlung des Materials veranstaltet und v. Krafft-Ebing mit der Zusammenstellung aller auf die geminderte Zurechnungsfähigkeit bezüglichen Fälle beauftragt werden sollte. Einen gleichen Beschlufs fafste auf Antrag von Schüle die im Jahre 1898 in Dresden tagende Versammlung mitteldeutscher Psychiater und Neurologen. Ein Jahr darauf, 1899, stellten Siemerling und Binswanger auf der Jahresversammlung des Vereins der deutschen Irrenärzte, die in Halle a. S. stattfand, den Antrag, „eine Sammlung derjenigen beweiskräftigen Fälle zu veranstalten, welche für die Einführung der verminderten Zurechnungsfähigkeit sprechen“. Dieser Antrag wurde angenommen. Schliefslich beantragte v. Liszt auf der 9. Landesversammlung der Landesgruppe Deutsches Reich der Internationalen Kriminalistischen Vereinigung, welche 1903 in Dresden stattfand, die Literatur über die „Vermindert Zurechnungsfähigen“ zusammenzustellen. (Mitteil. der I.K.V. Bd. 11 S. 603). Damals waren bereits die Vorarbeiten zu den Vorarbeiten" der hier vorliegenden Schrift, welche jene so oft gefafsten Beschlüsse zur Ausführung bringen soll, in Angriff genommen worden.

Dem letztgenannten Vorschlage v. Liszts gegenüber erhob Aschaffenburg (a. a. O. S. 609) Zweifel, ob die Sammlung von Material so einfach vor sich gehen werde. In der Tat waren zur Herstellung der hier vorgelegten Arbeit sehr erhebliche Schwierigkeiten zu überwinden. Allein schon die Verschaffung der in zahlreichen Zeitschriften und anderen Werken der juristischen und medizinischen Literatur weit zerstreuten Aufsätze und Bemerkungen über unsere Frage nahm eine nicht unbedeutende Zeit in Anspruch. Mufsten doch zahlreiche Schriften durchgesehen und geprüft werden, ohne dafs sie auch nur die geringste Ausbeute für unsere Zwecke gewährten. Unser Streben bei der Ausarbeitung ging nach möglichster Vollständigkeit des in Betracht kommenden Materials, besonders des in den letzten Jahren erschienenen. Ausgeschaltet ist mit vereinzelten Ausnahmen die vor dem Jahre 1870 erschienene Literatur. Dafs wir das vorgesetzte Ziel nach Vollständigkeit nicht erreicht haben, dessen sind wir alle, die wir an der vorliegenden Schrift mitgearbeitet haben, uns nur zu sehr bewufst. Wir glauben aber, das Wichtigste und Bedeutendste, was über unsere Frage gesprochen und geschrieben worden ist, zusammengetragen zu haben. Wahrscheinlich hätte manche Lücke ausgefüllt werden können, wenn nicht die Zeit gedrängt hätte. Es war unser Wunsch, die Schrift der im Mai dieses Jahres stattfindenden Landesversammlung der Internationalen Kriminalistischen Vereinigung vorlegen zu können.

Die Arbeit war im allgemeinen nach den verschiedenen in Betracht kommenden Schriften verteilt, so dafs z B. ein Mitarbeiter die medizinischen, ein anderer die juristischen Zeitschriften, ein Mitarbeiter die medizinischen, ein anderer die juristischen Monographien, Lehrbücher usw. übernahm. Das gesammelte Material wurde sodann an den Herausgeber abgegeben, der es zusammenzustellen hatte.

An der Sammlung des Materials haben sich beteiligt von Mitgliedern des kriminalistischen Seminars:

Herr cand. iur. Falkenberg, Berlin;
„ Referendar Fuchs, Breslau;

Herr Referendar Dr. Gottschalk, Berlin;
„ stud. iur. Kejzlár, Pozsony (Ungarn);
„ „ „ May, Paris;
„ Referendar Dr. Munk, Berlin;
Frl. Dr. Marie Raschke Berlin.

Aufserdem hat Herr Dr. Nehab, Berlin, einige Beiträge geliefert.

Was die Zusammenstellung des Materials anlangt, so ist die Einteilung in fünf Abschnitte von den Mitarbeitern auf Vorschlag des Herausgebers festgesetzt. Die Aneinanderreihung der einzelnen Exzerpte in den Abschnitten ist nach materiellen und historischen, bisweilen auch nach rein praktischen Gesichtspunkten erfolgt. Vor allem mufste im Interesse der Übersichtlichkeit ein allzu grofses Zerreifsen einzelner an sich zusammengehörender Auszüge aus Schriften eines Autors vermieden werden.

Das eingehend begründete Gutachten von Kahl für den diesjährigen Deutschen Juristentag ist erst während der Drucklegung erschienen. Es konnten daher nur die Vorschläge und Leitsätze entnommen werden. Eine ausführliche Einarbeitung mufste leider unterbleiben.

Von der Abfassung eines Sachregisters ist Abstand genommen worden, da es sich im wesentlichen doch nur um verhältnismäfsig wenige, immer wiederkehrende Schlagworte handelt. Das Aufsuchen und Nachlesen einzelner Exzerpte ist durch ein Verzeichnis der Verfasser erleichtert worden. Über die Zitiermethode ist S. IXf. nachzulesen.

Zum Schlusse sei es mir gestattet, den Herren Geheimen Justizrat Professor Dr. v. Liszt und Medizinalrat Dr. Leppmann für das Interesse und die mannigfachen Unterstützungen, die sie dem vorliegenden Werke entgegengebracht haben, meinen herzlichsten Dank auszusprechen.

Berlin, 25. April 1904.

Dr. Gottschalk.

Inhaltsverzeichnis.

Seite

I. Abschnitt

Der Begriff der geminderten Zurechnungsfähigkeit 1

II. Abschnitt

Die Zustände geminderter Zurechnungsfähigkeit 31

III. Abschnitt

Der Einfluſs der geminderten Zurechnungsfähigkeit auf das Verbrechen 58

IV. Abschnitt

Reformvorschläge 71

V. Abschnitt

Aus der Gesetzgebung 112

Verzeichnis der Schriftsteller 122

Abkürzungen.

Ann. Hyg. = Annales d'Hygiène Publique et de Médecine legale. Herausgegeben von Brouardel. Paris.

Ann. Méd. Psych. = Annales Médico-Psychologiques. Herausgegeben von Ritti. Paris.

Arch. Anthr. Crim. = Archives d'anthropologie criminelle, de criminologie et de psychologie normale et pathologique. Herausgegeben von Lacassagne und Tarde. Lyon-Paris.

Arch. krim. Anthr. = Archiv für Kriminal-Anthropologie und Kriminalistik. Herausgegeben von Grofs. Leipzig.

Arch. Ps. = Archiv für Psychiatrie und Nervenkrankheiten. Redigiert von Jolly (jetzt von Siemerling). Berlin.

Ärztl. Sachv. Z. = Ärztliche Sachverständigen Zeitung. Herausgegeben von Becker und Leppmann. Berlin.

Berl. klin. W. = Berliner klinische Wochenschrift. Redigiert von Ewald und Posner. Berlin.

Bl. Gef. K. = Blätter für Gefängniskunde. Redigiert von v. Engelberg. Cassel.

Cbl. Nervheilk. = Centralblatt für Nervenheilkunde und Psychiatrie. Herausgegeben von Gaupp. Berlin.

D. J. T. = Verhandlungen des Deutschen Juristentages. Berlin.

D. J. Z. = Deutsche Juristen-Zeitung. Herausgegeben von Laband und Staub. Berlin.

D. Str. Z. = Allgemeine Deutsche Strafrechtszeitung. Herausgegeben von v. Holtzendorff. Leipzig.

Friedreichs Bl. ger. Med. = Friedreichs Blätter für gerichtliche Medicin und Sanitätspolizei. Herausgegeben von Gudden. Nürnberg.

G. A. = Archiv für Strafrecht und Strafprocess. Begründet durch Goltdammer, herausgegeben von Kohler. Berlin.

G. S. = Der Gerichtsaal. Herausgegeben von Stenglein (jetzt von Oetker und Finger). Stuttgart.

I. K. V.	= Mitteilungen der Internationalen Kriminalistischen Vereinigung. Berlin.
Korresp. Bl. Schw. Ärzte	= Korrespondenz-Blatt für Schweizer Ärzte. Herausgegeben von Haffter und Jaquet. Basel.
Münch. Med. W.	= Münchener Medicinische Wochenschrift. Redigiert von Spatz. München.
Neur. Cbl.	= Neurologisches Centralblatt. Herausgegeben von Mendel. Leipzig.
Ps. W.	= Psychiatrisch-Neurologische Wochenschrift. Redigiert von Bresler. Halle a. S.
R.	= Das Recht. Herausgegeben von Soergel. Hannover.
V. J. S. ger. Med.	= Vierteljahrsschrift für gerichtliche Medicin und öffentliches Sanitätswesen. Herausgegeben von Schmidtmann und Strafsmann. Berlin.
Wien. Med. W.	= Wiener Medicinische Wochenschrift. Redigiert von Adler. Wien.
Z. Ges. Str.	= Zeitschrift für die gesamte Strafrechtswissenschaft. Herausgegeben von v. Liszt, v. Lilienthal und Herz. Berlin.
Z. Med. B.	= Zeitschrift für Medicinal-Beamte. Herausgegeben von Rapmund. Berlin.
Z. Ps.	= Allgemeine Zeitschrift für Psychiatrie und psychisch-gerichtliche Medicin. Herausgegeben von Deutschlands Irrenärzten unter der Mitredaktion von Grashey, Pelman, Schüle durch H. Laehr. Berlin.
Z. Schw. Str.	= Schweizerische Zeitschrift für Strafrecht. Herausgegeben von Stoofs. Bern.

Über Abkürzungen im allgemeinen ist folgendes zu beachten. Es bedeutet z. B.:

Berner, Lehrbuch des Deutschen Strafrechts (18) 1898 77: Die im Jahre 1898 erschienene 18. Auflage des genannten Werkes, S. 77;

Jolly, Über geminderte Zurechnungsfähigkeit Z. Ps. **44,** 461 ff.: Der Aufsatz Jollys in der Zeitschrift für Psychiatrie Band 44, S. 461 und folgende.

Die Zahlen der Seiten sind teils zu der Überschrift selbst gesetzt, teils vor den Anfang der Zeilen der einzelnen Excerpte.

I. Abschnitt.

Der Begriff der geminderten Zurechnungsfähigkeit.[1])

Ideler, Über die verminderte Zurechnungsfähigkeit, G. A. 5, 289 ff.

Die Feststellung des Begriffes der verminderten Zurechnungsfähigkeit ist gerade in allen zweifelhaften Gemütszuständen ein Bedürfnis. Unter diesem Namen sind diejenigen zu verstehen, bei denen sich die Bejahungs- und Verneinungsgründe, in Bezug auf die freie Selbstbestimmung, dergestalt durchkreuzen und gegenseitig aufheben, dafs nach allen Denkregeln nur ein problematisches Urteil dabei herauskommt.

Man versuchte diese Feststellung an der Hand der empirischen Methode und kam so zu einer Unterscheidung der zweifelhaften Gemütszustände nach dem objektiven Charakter des Verbrechens. Dadurch wurden die psychologischen Grundlagen, die bei jedem Verbrechen wesentlich die gleichen sind, und somit jedes Motiv vernachlässigt.

Schon der Name jener Zustände spricht es aus, dafs über ihre Beziehung zur Zurechnungsfähigkeit eine völlige Ungewifsheit herrscht, deren Grund in dem schroffen Gegensatze der kategorischen Bejahung oder Verneinung der freien Selbstbestimmung ohne alle ausgleichenden Mittelglieder aufgesucht werden mufs. Daher kommt es auch, dafs den Ärzten bei begründeten Zweifeln an der vollen Zurechnungsfähigkeit ihre Entscheidung erschwert wird. Andererseits würden die Ärzte nicht so freigebig mit dem Ausspruche der vollen Unzurechnungsfähigkeit sein, wenn das Gesetz eine verminderte Zurechnungsfähigkeit ausspräche.

---

[1]) Historische Übersicht über die Ansichten betreffend die geminderte Zurechnungsfähigkeit bei **Wille**, Zur Frage der geminderten Zurechnungsfähigkeit, Z. Schw. Str. 8 1 ff.; **Weber** Z. Ps. 56 445 (vergl. Neur. Cbl. 17 1108), vor allem **Kahl**, Strafrechtliche Behandlung der geistig Minderwertigen, 27. D. J. T. 1 143 ff. Über die Verhandlungen des Vereins deutscher Irrenärzte vgl. **v. Schrenck-Notzing**, Arch. krim. Anthr. 8 57 ff.

Die Schwierigkeit des Problems liegt in der prinzipiellen Unvereinbarkeit rationaler und empirischer Begriffe. Letztere, welche das gesamte Naturwirken zum Inhalte haben, lehren dasselbe überall als ein mehr oder weniger zusammengesetztes erkennen, weil auch nicht die einfachste Erscheinung schlechthin einer einzigen Ursache beigemessen werden darf, sondern weil sie durch das stets veränderte Verhältnis gegenseitig sich bedingender Kräfte zu stande kommt. Dies gilt in noch höherem Mafse als bei Naturgeschehnissen bei allen Lebenszuständen, die wir durchaus nur als Entwicklungsstufen begreifen können. So geben auch alle Körperkrankheiten nur einen speziellen Ausdruck alles Naturwirkens, welches niemals im Sprunge, sondern nur in leisen, oft kaum unterscheidbaren Übergängen von einem Extrem zum anderen sich fortbewegt. So ist auch in dem höchst verwickelten Zusammenhange körperlicher Krankheiten mit zweifelhaften Gemütszuständen keine haarscharfe Grenze zu ziehen, bis zu welcher die freie Selbstbestimmung sich erstreckt, um unmittelbar nach Überschreitung derselben in das vollständigste Gegenteil der sittlichen Unfreiheit überzugehen. Hiermit ergibt sich schon die logische Unmöglichkeit, ein in dieser Form ausgeprägtes Denken mit dem dialektischen Gegensatze der apodiktischen Bejahung und Verneinung der Vernunftprinzipien mit Ausschlufs aller Mittelglieder in unmittelbare Verbindung und Vergleichung zu bringen. So lässt sich auch der Wahnsinn theoretisch feststellen, bei praktischer Anwendung unterliegt er erheblichen Schwankungen. Dasselbe gilt z. B. auch von Verirrungen der religiösen und weltlichen Leidenschaften, die nicht selten einen Charakter annehmen, dessen strafrechtliche Bedeutung zweifelhaft bleibt. Dunkel sind auch die Übergänge vom Zorn zur Tobsucht, da schon der Begriff der Mania transitoria abzulehnen ist.

Mit diesen Ausführungen soll aber nicht der kategorische Gegensatz zwischen der Zu- und Unzurechnungsfähigkeit in eine nebelhafte Unbestimmtheit aufgelöst werden, vielmehr sollte nur hervorgehoben werden, dafs das Prinzip der sittlichen Freiheit im Verhältnis zu den körperlich bedingten Seelenzuständen durchaus nicht immer dem strikten Gegensatze von Freiheit und Unfreiheit untergeordnet ist.

Beseler, Kommentar über das Strafgesetzbuch für die preufsischen Staaten (Leipzig 1851), führt aus den Motiven zum ersten Entwurf des preufsischen Strafgesetzbuchs folgende Stelle an (Mot. I, 144):

„Die Frage, ob jemand in bezug auf eine bestimmte Handlung oder überhaupt zurechnungsfähig sei, ob hier sein Tun und Lassen auf die Rechnung gesetzt werden könne? ist stets präjudiciell, und gestattet nur eine bestimmte entweder bejahende oder verneinende Antwort. Ein Mittelding ist nicht denkbar; wer nicht unfrei ist, der ist frei, mag diese Freiheit auch noch so sehr vermindert sein, die Zurechnung kann daher durchaus keine Grade haben."

Hälschner, System des preufsischen Strafrechts. 1858. Bonn.

2, 119. Ist die Zurechnungsfähigkeit der Zustand des Menschen, in welchem er die Kraft besitzt, unabhängig von jeder ihn zwingenden Notwendigkeit aus sich selbst sich für einen besonderen Zweck zu bestimmen, so schliefsen sich Zurechnungsfähigkeit und Unzurechnungsfähigkeit gegenseitig vollkommen aus. Es kann daher zwar der Zustand der Zurechnungsfähigkeit und Unzurechnungsfähigkeit möglicherweise in demselben Individuum in schnellem Wechsel auf einander folgen, so dafs für die einzelne Tat die Frage, aus welchem dieser wechselnden Zustände sie hervorging, schwierig zu beantworten ist, wogegen niemals in Betreff derselbigen Tat ein Mischungsverhältnis beider Zustände, und ein daraus hervorgehender gradueller Unterschied der Zurechnungsfähigkeit zugegeben werden kann.

Hälschner, Das gemeine deutsche Strafrecht. 1881.

1, 225. Im konkreten Falle kann zwar die Frage nach der Zurechnungsfähigkeit schwer oder gar nicht zu beantworten sein, aber niemals kann in Betreff derselben Tat ein Mischungsverhältnis beider Zustände und ein daraus hervorgehender gradueller Unterschied der Zurechnungsfähigkeit zugegeben werden. Wenn es auch ein richtiger Grundsatz ist, dafs das Mafs der Zurechnung in dem Verhältnisse fällt, als die Gröfse des zur Selbstbeherrschung im konkreten Falle erforderlichen Aufwandes psychischer Kraft steigt, ist es doch unrichtig, das geminderte Mafs der Zurechnung als gemindertes Mafs der Zurechnungsfähigkeit zu bezeichnen.

Sollten, wie von Bar meint, somatische Verstimmungen durch lange Dauer einen Einflufs gewinnen, dafs von einer Freiheit des Willens, wie sie das Recht durchschnittlich voraussetzt, nicht mehr die Rede sein könne, so mögen gegen einen solchen Menschen Sicherungsmafsregeln zulässig sein, aber unzulässig ist, wegen Zurechnungsunfähigkeit, eine jede Strafe, auch das von Bar vorgeschlagene Gemisch von Strafe, Züchtigung, Heil- und Erziehungsverfahren.

Löwenhardt, Kritische Bemerkungen über die Mitwirkung der Ärzte bei der Bestimmung der Zurechnungsfähigkeit zweifelhafter Gemütszustände. G. A. **2,** 482 f., 588 f., 750 f.

Die Annahme einer auf die mit „beschränktem“ Willen verübten Tat sich gründenden „bedingten“ Zurechnungsfähigkeit erscheint weniger begründet, als der Vorschlag milderer Bestrafung bei Vorliegen einer gewissen Schwäche oder Unvollkommenheit der inneren oder äufseren Organe. Dies erhellt aus der Betrachtung des Willens. Er ist es, der sich bei fortschreitender Verstandes- und Vernunftentwicklung das Begehren, bezw. den Trieb in Gestalt der Überlegung und des daraus folgenden Entschlusses das menschliche Handeln unterwirft. Wenn der Mensch aber etwas will, so hat er sich eben bestimmt, einem gewissen Begehren oder Verabscheuen gemäfs tätig zu sein. Ein Wollen ist somit ein mit dem Denken verknüpftes, kein instinktmäfsiges Handeln. Insoweit der Mensch den Willen zu küren hat, ist er frei; wenn er menschliche Begehrungen hat, d. h. Begehrungen, die seinem sinnlich-geistigen Organismus entsprechen, also sein Denken gestört ist, so dafs er eben das tut, wozu ihn das Begehren treibt, so ist er unfrei. Das Wollen ist aber nichts Zufälliges, sondern notwendig aus unserem Ich folgend und somit Selbstbestimmung. Der Wille ist in dem Denken bedingt. Ist das Denken gestört, so ist der Wille nicht mehr Wille, sondern der Mensch handelt nur auf Antrieb seines Begehrens. Es fragt sich mithin bei der Zurechnungsfähigkeit nur, ist sein Denken gestört oder nicht. Ein mittleres ist undenkbar. Daher kann man auch nicht von bedingter Zurechnungsfähigkeit reden.

Berner, Kritik des Entwurfes eines Strafgesetzbuches für den Norddeutschen Bund. Leipzig 1869.

20. Der Begriff der verminderten Zurechnungsfähigkeit ist theoretisch unhaltbar. Die Frage der Zurechnungsfähigkeit kann nur bejaht oder verneint werden; erst nach der Bejahung ist die Frage nach der Strafmilderung möglich. Indem die Ärzte die Anerkennung der verminderten Zurechnungsfähigkeit befürworten, haben sie die werdenden Geisteskranken im Auge. Diesen kann man nicht wegen geminderter Zurechnungsfähigkeit die halbe Strafe auferlegen. Hier ist Freisprechung gerechtfertigt. Die Annahme der verminderten Zurechnungsfähigkeit führt in solchen Fällen nur zu einer schreiend ungerechten aufserordentlichen Strafe.

Wenn hiernach auf der einen Seite die verminderte Zurechnungsfähigkeit, und zwar gerade in den wichtigsten Fällen, zu unverantwortlicher Härte führt, so macht sie auf der anderen Seite in zahlreichen anderen Fällen einer ungebührlichen Milde Raum und mufs zu einer unerträglichen Sentimentalitätspraxis führen.

Jessen, Über Zurechnungsfähigkeit. Kiel 1870. 13 ff.

Die juristische Zurechnungsfähigkeit geht der moralischen nicht parallel. Der graduellen Verminderung der moralischen Zurechnungsfähigkeit oder der graduellen Steigerung der Geistesstörung mit entsprechenden Graden der Strafen nachzukommen, ist unmöglich. In Betracht kommen könnten 1. intermediäre Geisteszustände; 2. schwer erkennbare Geisteskrankheiten; 3. zweifelhafte Geisteszustände. Durch seine Ausführungen sucht Verfasser nachzuweisen, dafs weder die Theorie noch die Praxis die Einführung der verminderten juristischen Zurechnungsfähigkeit erforderlich machen.

Bruck, Zur Lehre von der kriminalistischen Zurechnungsfähigkeit. Breslau 1878. 149 ff.

Gewisse Zustände, welche der kriminalistischen Zurechnungsfähigkeit zu Grunde liegen, wie Affekte, Trunkenheit, sind der Gradation fähig, nur ist diese Gradation für die Beantwortung der Frage nach der kriminalistischen Zurechnungsfähigkeit bedeutungslos. Durch diese Zustände vermag der Zustand der kriminalistischen Zurechnungsfähigkeit entweder nur aufgehoben oder gar nicht berührt zu werden: non datur tertium sive medium inter duo contradictoria. Der Zustand einer geminderten kriminalistischen Zurechnungsfähigkeit ist gleich dem Zustande einer kriminalistischen Zurechnungsunfähigkeit.

Schütze, Lehrbuch des Deutschen Strafrechts. (2) 1874.

91—92. Die teils abnormen, teils normalen Geisteszustände, welche die Grundlage der Unzurechnungsfähigkeit bilden, und die ihnen entsprechenden moralischen Kräfte des Individuums enthalten in sich die Möglichkeit unendlich vieler Abstufungen. Die Zurechnungsfähigkeitsfrage selbst aber läfst in jedem gegebenen Falle nur Bejahung oder Verneinung zu; eine „verminderte Zurechnungsfähigkeit“ darf das Strafrecht nicht anerkennen. Denn wer das Bewufstsein der Strafrechtswidrigkeit seiner Handlungen hatte, war eben zurechnungsfähig; die nichtausgebildete Störung seiner Geistestätigkeit, seine relativ geringe Geistesreife kommt gleich ähnlichen ursächlichen Zuständen (Angetrunkenheit, gerechtfertigte Aufregung usw.) nur als Strafzumessungsgrund, beziehungsweise als Strafmilderungsgrund in Betracht. Dieser allgemein richtige Grundsatz beherrscht auch das D. St.G.B.

Berner, Lehrbuch des Deutschen Strafrechts. (18) 1898.

XI. Rein philosophische Schriftsteller mögen sich des Ausdrucks der „verminderten Zurechnungsfähigkeit“ bedienen; sie können eine unbeschränkte Zahl von Stufen der Zurechnungsfähigkeit annehmen, je nachdem die Freiheit des Täters mehr oder weniger belastet ist, wo sich dann die verminderte Zurechnungsfähigkeit nicht nur in die Milderungsgründe, sondern auch in die Minderungsgründe verliert. Anders scheiden sich aber die Begriffe im Strafrecht. Stellt der Gesetzgeber einen Begriff der strafrechtlichen Zurechnungsfähigkeit auf, so kommt es in jedem einzelnen Falle zunächst nur darauf an, ob dieser Begriff erfüllt sei. Erst wenn die Frage bejaht ist, kommt es zu der zweiten Frage, wie hoch das zuzurechnende Verbrechen anzurechnen sei. Für die verminderte Zurechnungsfähigkeit bleibt da kein Platz und, bei gehöriger Weite des Systems der mildernden Umstände. kein Bedürfnis.

77. Die Schuld mifst man, die Zurechnungsfähigkeit bejaht oder verneint man. Grade der Zurechnungsfähigkeit gibt es also nicht. Was manche ältere Gesetzbücher eine verminderte Zurechnungsfähigkeit genannt haben, ist in Wahrheit nur eine verminderte Schuld.

80—81. Wenn man den Zeitraum der Strafmilderung wegen jugendlichen Alters (12—21) von dem der zweifelhaften Zurechnungsfähigkeit (12—18) trennte und ihn als einen besondern dritten Zeitraum in das Gesetz aufnähme, so würde dadurch zugleich einer verbreiteten Begriffsverwirrung vorgebeugt werden. Sie besteht darin, das man jenen doppelsinnigen Zeitraum von 12 bis 18 Jahren als den der verminderten Zurechnungsfähigkeit bezeichnet, dafs man also ein Adjektivum, welches auf die Strafbarkeit pafst, mit der Zurechnungsfähigkeit verbindet, auf welche es nicht pafst.

Schaper, Die Zurechnungsfähigkeit und der verbrecherische Wille. In v. Holtzendorffs Handbuch des deutschen Strafrechts. 1871.

2, 158. Die Zurechnungsfähigkeit ist vorhanden oder nicht vorhanden. Zwischenstufen gibt es nicht. Verminderte Zurechnungsfähigkeit ist nichts anderes, als Zurechnungsfähigkeit mit verminderter Strafbarkeit. Die Unzurechnungsfähigkeit aber läfst sich keineswegs von der Zurechnungsfähigkeit so unterscheiden, wie das blinde Auge vom sehenden. Es müssen auch diejenigen Zustände herangezogen werden, welche nicht die Freiheit, sondern nur die Kraft des Willens, namentlich die Widerstandskraft gegen böse Neigungen beeinträchtigen. Deren eingehende Würdigung gehört aber dem Gebiete der Strafmilderungsgründe ein.

Geyer, Die Zurechnungsfähigkeit und der verbrecherische Wille im allgemeinen. In v. Holtzendorffs Handbuch des deutschen Strafrechts. 1871.

4, 101. Dafs es eine „verminderte Zurechnung“ gibt, wird fortwährend aus theoretischen Gründen bestritten, und fortwährend in der Praxis anerkannt. Aber auch jene theoretischen Zweifel sind unberechtigt. Gewifs ist es zwar, dafs die Zurechnungsfähigkeit des Wollenden in Bezug auf ein bestimmtes Wollen nur bejaht oder verneint werden kann, je nachdem es jenem nach seiner psychischen Entwicklung möglich war, das Wollen zu beherrschen oder nicht. Ebenso gewifs aber, dafs das Mafs der Zurechnung in dem Verhältnis fällt, als die Gröfse des zu seiner Selbstbeherrschung im konkreten Fall erforderlichen Aufwandes von psychischer Kraft steigt.

v. Waechter, Das Königlich Sächsische und das Thüringische Strafrecht. 1857.

325. Die Zurechnungsfähigkeit hat keine Grade. Der Mensch ist entweder im stande, rechtswidrig zu handeln oder er ist es nicht; ein drittes gibt es nicht. Verminderte Zurechnungsfähigkeit ist nur ein ungenauer, jedoch in der neueren Zeit nun einmal hergebrachter Ausdruck für einen richtigen Gedanken. Die Schuld und die dadurch bedingte Strafbarkeit kann allerdings Grade haben; namentlich ist bei dem widerrechtlichen Willen ein höheres oder geringeres Mafs möglich, und nach diesem kann die Strafbarkeit steigen oder sinken.

v. Waechter, Deutsches Strafrecht. Vorlesungen. 1881.

273. Das Subjekt kann in einem Zustand bei Begehung der Tat sich befunden haben, in dem es zwar nicht zurechnungsunfähig ist, in dem aber doch seine geistigen Kräfte und sein Erkenntnisvermögen oder sein Bewufstsein in so hohem Grade getrübt und gehemmt sind, dafs sein Zustand zwar nicht die Zurechnungsfähigkeit ausschliefst, aber doch an den der Zurechnungsunfähigkeit angrenzt. Dies kann sein bei Altersschwachen, Verstandesschwachen, bei sogenannter Stupidität (qui simplicitate gaudent), bei Epilepsie oder bei Mangel der vollständigen Entwicklung der Geisteskräfte usw. Die neuere Doktrin bezeichnet diese Fälle durch „Milderungsgrund der verminderten Zurechnungsfähigkeit". Zwar tadeln manche diese Bezeichnung, weil die Zurechnungsfähigkeit (nicht gemindert, sondern) überhaupt nur vorhanden, oder nicht vorhanden sein kann. Allein wenn auch letzteres richtig ist, so kann doch bei vorhandener Zurechnungsfähigkeit die Schuld wegen besonders beschränkter Intelligenz und minder entwickelten Pflichtbewufstseins oder wegen getrübten Bewufstseins überhaupt in einem besonders hohen Grade gemindert sein, und blofs dieses will der Ausdruck bezeichnen.

Beling, Grundzüge des Strafrechts zum Gebrauch bei Vorlesungen. 1899.

33. Grade der Zurechnungsfähigkeit gibt es nicht. Auch die fälschlich sogenannte „verminderte Zurechnungsfähigkeit" ist volle Zurechnungsfähigkeit. Man versteht darunter einen Geistes- oder Gemütszustand, der bei vorhandener Schuldfähigkeit die Schuld in milderem Lichte erscheinen läfst, vgl. z. B. §§ 57, 217 St.G.B.

Wahlberg, Das Prinzip der Individualisierung. Wien 1869. 87 ff.

Der Gedanke, dafs psychische und physische Zustände oder Einflüsse, welche in ihrer stärksten Einwirkung auf das Denken und Wollen, Bedenken und Beschliefsen die Schuld und Zurechnung aufheben, dieselbe in ihrer schwächeren Gradation herabsetzen und mindern, ist im allgemeinen richtig, doch ist es unrichtig, von geminderter Zurechnungsfähigkeit als einer Mittelstufe zwischen Zurechnungsfähigkeit und Zurechnungsunfähigkeit zu sprechen. Die Aufstellung eines relativ selbständigen Begriffes der verminderten Zurechnungsfähigkeit läfst sich juristisch nicht rechtfertigen, es sei denn, was in der Tat der Fall ist, dafs jede Zurechnungsfähigkeit in bald höherem, bald geringerem Grade durch das Übergewicht der Motive determiniert erscheint. Was unter geminderter Zurechnungsfähigkeit begriffen werden kann, sind, abgesehen von der inkorrekten Bezeichnung, eben nur Gründe, welche die Verschuldung in erheblichem Grade durch ihre Einwirkung auf den Seelen- und Gemütszustand der individuellen Charaktere der Einzelnen mildern, Strafmilderungsgründe.

v. Weinrich, Gutachten zur VII. Hauptversammlung der I.K.V. über den Begriff der rechtlichen Verantwortlichkeit. I.K.V. **6,** 256 ff.

Verantwortlichkeit ist ein juristischer Begriff. Sie läfst begrifflich keine Abstufungen zu. Man kann sie wohl teilen, man kann sie aber nicht abstufen. Anders die kriminelle Schuld. Diese kann eine gröfsere oder geringere sein. Die Schuld tritt in Beziehung zu psychischen Verhältnissen, insbesondere zum Willen.

Meyer v. Schauensee, Die Psychiatrie in ihrem Verhältnis zum Strafrecht und zu den Vorschlägen der Internationalen kriminalistischen Vereinigung. Z. Schw. Str. **3,** 501 ff.

Die Zustände geminderter Zurechnungsfähigkeit, seit Griesinger „organische Belastung" genannt, als Begriff zu klassifizieren, ist nicht zu empfehlen, da die Frage noch nicht hinlänglich abgeklärt ist. Einerseits knüpft sich auch an eine solche Einteilung der Begriff der Strafmilderung, anderseits wird gerade die Reform des Strafrechts darauf gegründet, dafs man die ererbte oder erworbene Degeneration als Kriterium des Gewohnheitsverbrechers verwendet. Deshalb ist als Basis des Strafrechts eine schwache Abgrenzung von geistiger Gesundheit und Krankheit zu fordern.

Parant, La raison dans la folie. 1888. 390--413.

Die Theorie der verminderten Zurechnungsfähigkeit stützt sich auf folgende Beweisgründe, die nicht angenommen werden können.

1. Durch Strafen und Belohnungen wird auf die Wahnsinnigen ein Eindruck gemacht. — Dieses stimmt aber mit den Bemerkungen nicht, die in den Irrenhäusern gemacht wurden.

2. Die Wahnsinnigen behalten nichtsdestoweniger einen Teil ihrer moralischen Freiheit. — Dieses ist unannehmbar, da Wahnsinn und Freiheit sich einander ausschliefsen.

3. Die Wahnsinnigen sind doch, wenn auch nur teilweise, für die Handlungen zurechnungsfähig, deren sie sich schuldig gemacht, und die sich in der Sphäre ihres Wahnsinns nicht befinden. — Darauf wird geantwortet, dafs durch den Wahnsinn alle Geisteseigenschaften gestört werden, da die menschliche Seele ein Ganzes bildet, das nicht geteilt werden kann. Würde man auch dieses zugeben, wie wäre die Sphäre des Wahnsinns zu bestimmen?

Alle diese Beweisgründe stützen sich darauf, dafs die Vernunft im Wahnsinn teilweise fortdauert, was aber nur eine Täuschung ist. Da kein Wahnsinniger die Integrität seiner Geistesfähigkeit geniefst, so kann er auch zu keinem Augenblick als gesund betrachtet werden.

Parant, L'irresponsabilité des actes chez les aliénés. Ann. Hyg. 3te Reihe; **33,** 241.

Die Theorie der verminderten Zurechnungsfähigkeit ist nicht richtig; es ist unmöglich, den Grad der Zurechnungsfähigkeit der Individuen nach dem Grad ihrer Geistesgesundheit zu bestimmen.

Niemand ist dessen fähig: die Ärzte, weil sie nur dazu Kompetenz haben, um den Krankheiten nachzuforschen; die Richter, weil es ihnen an der wissenschaftlichen Kenntnis fehlt, um die Beziehungen zwischen Geist und Körper festzustellen.

Legrain, Médecine légale du dégénéré, Arch. Anthr. Crim., **9**, 18—26.

Vom Standpunkte der Wissenschaft und der Philosophie aus gibt es keine verminderte Zurechnungsfähigkeit, sondern nur eine vollkommene Zurechnungsfähigkeit. Die verminderte Zurechnungsfähigkeit hat nur eine Bedeutung im sozialen Sinn, weil der verbrecherische Entartete schädlich ist; und je schädlicher er ist, desto gröfser ist seine Zurechnungsfähigkeit.

Für die Geistesschwachen ist gewöhnlich das Verbrechen ein Zufall; sie dürfen also weniger bestraft werden, weil sie, wegen ihrer kränklichen Natur, dem Antrieb zum Verbrechen keinen grofsen Widerstand leisten können.

Dieselben Bemerkungen gelten für die höheren Entarteten, obgleich sie gefährlicher als die ersten sind, weil sie auf gröfsere Mittel für rechtswidrige Handlungen verfügen.

Hamon, La responsabilité, Arch. Anthr. Crim., **12,** 606—624.

Eine verminderte Zurechnungsfähigkeit ist unbegreiflich, da sie voraussetzt, dafs das Hirn des Verbrechers zwei Teile enthält, deren einer krank ist, während der andere gesund bleibt, und denen zwei Arten Handlungen entsprechen, die einen, für welche der Verbrecher zurechnungsfähig ist, die anderen, für welche er es nicht ist. Dieser Begriff kann nicht angenommen werden, da jeder abirrende Gedanke auf das ganze Hirn wirkt. Man kann sich auch nicht auf das Prinzip stützen, dafs „natura non fecit saltus“, um zu behaupten, dafs es zwischen der vollkommenen Zurechnungsfähigkeit und der Unzurechnungsfähigkeit eine Reihe von Mittelzuständen gibt, weil die Zurechnungsfähigkeit keine Schöpfung der Natur, sondern eine menschliche Vorstellung ist. Man sollte nicht Zurechnungsfähigkeit mit Bewufstsein verwechseln.

Dallemagne, Dégénérés et déséquilibrés. 1894, 568—569.

Die verminderte Zurechnungsfähigkeit ist nur eine gerichtliche und metaphysische Fiktion. Da die Zurechnungsfähigkeit von der Freiheit abstammt, so soll ein Mensch entweder zurechnungsfähig, oder zurechnungsunfähig sein; man kann die Freiheit nicht vermindern und beschränken.

Was die Praxis betrifft, so läfst die Annahme einer verminderten Zurechnungsfähigkeit die Gesellschaft den gefährlichsten Verbrechern gegenüber ohne Waffe. Eine Anstalt die zwischen dem Gefängnis und dem Irrenhaus stehen würde, kann selbst nur dann nützen, wenn man statt der ethischen und individuellen Zurechnungsfähigkeit, die soziale Zurechnungsfähigkeit annimmt.

Proal, La responsabilité légale des aliénés, Ann. Méd. Psych., 7. Reihe; **12**, 84—107.

Im Falle des Wahnsinns kann nie die verminderte Zurechnungsfähigkeit in Betracht kommen, weil sie zur Folge eine Verurteilung hat, welche einen Kranken in die Klasse der Verbrecher stellt. Auch stimmt die verminderte Zurechnungsfähigkeit mit der Einheit des Ichs nicht überein, da sie voraussetzt, dafs es in dem Hirn zwei Teile gibt, von denen der eine krank und der andere gesund ist. Abgesehen von dem Falle des Wahnsinns kann man verminderte Zurechnungsfähigkeit annehmen.

Der Art. 47 des französischen Code Pénal, welcher dem Richter die Befugnis gibt zu entscheiden, ob der verminderte Zurechnungsfähige seine Strafe in einem Schutzhaus leiden soll, ist gefährlich, weil er eine Verwechselung zwischen Verbrechen und Wahnsinn bewirkt, und weil er der Strafe ihren Abschreckungscharakter nimmt.

Garofalo, La Criminalogie. 1895, 298—306.

Die Zurechnungsfähigkeit kann nicht gemessen werden. Dazu müfste man nicht nur alle Ursachen kennen, die auf den Angeklagten seit seiner Geburt gewirkt haben, sondern auch alle Ursachen, welche auf alle seine Voreltern gewirkt haben und die ihn mit ihren guten und schlechten Eigenschaften belasten.

Selbst wenn die Theorie der verminderten Zurechnungsfähigkeit anwendbar wäre, so sollte man sie nicht annehmen, weil sie dazu führt, dafs die gefährlichsten Verbrecher mit den mildesten Strafen bestraft werden.

Saleilles, L'individualisation de la peine. 1898, 70—90.

Die nach dem Mafse der Freiheit verminderte Zurechnungsfähigkeit setzt einen psychologischen Beweis voraus. Der Arzt soll nicht nach dem urteilen, was er kennt, d. h. der Existenz einer Geisteskrankheit, sondern nach der Beziehung zwischen dieser Krankheit und dem Grad der gerichtlichen Zurechnungsfähigkeit. Der Richter andererseits hat das Recht, das Urteil des Arztes abzuändern, obgleich es sich doch um eine pathologische Frage handelt.

Andererseits führt die verminderte Zurechnungsfähigkeit zu einer Milderung der Strafen; so ergiebt sich, dafs die gefährlichsten Individuen, die Kranken, die Entarteten am schnellsten der Gesellschaft zurückgegeben werden.

Dazu kann man noch hinzufügen, dafs die Freiheit sich unmöglich messen läfst.

Geib, Lehrbuch des Deutschen Strafrechts. Leipzig. 1862.

2, 105. Verminderte Zurechnungsfähigkeit — dieselben Zustände, welche in ihrer höchsten Potenz die Zurechnung und Strafe überhaupt aufheben, in ihrer niedersten Potenz aber wenigstens als Strafmilderungsgründe gelten, bewirken in ihren mittleren Graden Beschränkung resp. Herabsetzung der Zurechnung und Strafe.

Der Ausdruck „verminderte Zurechnungsfähigkeit“ ist allerdings ein sehr unpassender, indem derselbe anzudeuten scheint, dafs es sich hier um einen Mittelzustand zwischen Zurechnungsfähigkeit und Unzurechnungsfähigkeit handele, der an und für sich natürlich eben so undenkbar ist, wie ein Mittelzustand zwischen Leben und Tod. Daher würde es zur Vermeidung von Mifsverständnissen und insofern zur Vereinigung der verschiedenen Ansichten beitragen, wenn man, mit Rücksicht auf die oben aufgestellten Grundsätze, statt von „verminderter Zurechnungsfähigkeit“ von verminderter „Bestimmbarkeit“ reden würde.

v. Buri, Über das Strafensystem des Strafgesetzbuchs G. S. **23,** 115.

Das St.G.B. konnte die Einwirkung mildernder Umstände auf das Strafmafs deshalb nicht ignorieren, weil es eine geminderte Zurechnungsfähigkeit nicht kennt und daher die geringeren Grade derjenigen Zustände, welche in ihren höchsten Graden Unzurechnungsfähigkeit und damit Straflosigkeit begründen, anderweit berücksichtigen mufste.

Gretener, Die Zurechnungsfähigkeit als Gesetzgebungsfrage. Berlin 1897.

178. Im Einzelfall mufs die Frage der Zurechnungsfähigkeit verneint sein, bevor die Frage der verminderten Zurechnungsfähigkeit bejaht werden darf. Damit ist zugleich die unklare Vorstellung abgewiesen, als ob die verminderte Zurechnungsfähigkeit ein Mittelding zwischen Zurechnungsfähigkeit und Zurechnungsunfähigkeit darstelle. Ein genauer Sprachgebrauch würde statt von verminderter Zurechnungsfähigkeit von verminderter Zurechnung zur Schuld sprechen müssen.

Binding, Grundrifs zu Vorlesungen über gemeines Deutsches Strafrecht. I. Einleitung und allgemeiner Teil. (3.) 1884. Leipzig.

165. Während die sog. verminderte Zurechnung in den früheren deutschen Strafgesetzbüchern vielfach als Milderungsgrund anerkannt war, nicht in Preufsen, wohl aber z. B. in Bayern und Sachsen, hat das G.B. dies nicht getan; sie ist nach ihm lediglich Strafmilderungsgrund resp. mildernder Umstand.

Rüdorff und **Stenglein,** Strafgesetzbuch für das Deutsche Reich. (4). 1892.

182. Einen Zustand der „verminderten Zurechnungsfähigkeit“ kennt das St.G.B. nicht. Ein solcher Zustand kann nur bei der Strafzumessung oder in besonderen Fällen als „mildernder Umstand“ ins Gewicht fallen.

v. Weissenstein, Das Deutsche Reichsstrafrecht. (1). 1894.

72. Man spricht von Graden der Zurechnungsfähigkeit. Dieser Ausdruck trifft aber, für das positive Recht wenigstens, nicht zu, denn die Frage der Zurechnungsfähigkeit beantwortet sich mit „ja“

oder „nein“ und wird nicht nach Graden entschieden. Den tatsächlich vorhandenen Abstufungen der Zurechnungsfähigkeit ist durch die Weite der Strafrahmen bereits Rechnung getragen.

Frank, Das Strafgesetzbuch für das Deutsche Reich. (3 und 4). 1903.

86. Die verminderte Zurechnungsfähigkeit in dem Sinne, dafs Bewufstlosigkeit oder Geisteskrankheit die freie Willensbestimmung nur beeinträchtigen und dafs entsprechend die Strafbarkeit nur herabgesetzt wird, hat im St.G.B. keine Anerkennung gefunden. Einen Ersatz dafür sollten die mildernden Umstände gewähren.

Kobner, Deutsches Reichsstrafrecht. (3). 1895.

58. Die beiden Momente der Zurechnungsfähigkeit (Einsicht in die Strafbarkeit und freie Willensbestimmung) können nicht nur gänzlich fehlen, sondern, was bei der Strafzumessung und bei der Frage nach mildernden Umständen in Betracht kommt, in vermindertem Grade vorhanden sein.

Olshausen, Strafrecht. Grundrifs zu Vorlesungen an der königlichen Forstakademie zu Eberswalde. 1891.

22. Die sog. verminderte Zurechnungsfähigkeit ist im St.G.B. nicht ausdrücklich, aber doch indirekt anerkannt; denn auf ihr beruht die den jugendlichen Personen, welche mit der zur Erkenntnis der Strafbarkeit der Handlung erforderlichen Einsicht gehandelt haben, gewährte Strafmilderung, desgleichen die straflose Überschreitung der Notwehr.

72. Die sog. verminderte Zurechnungsfähigkeit, d. h. der durch Beeinträchtigung der freien Willensbestimmung in Folge besonderer Umstände, wie z. B. grofser Not, hervorgerufene Zustand, bildet keinen allgemeinen Strafmilderungsgrund.

Oppenhoff, Das Strafgesetzbuch für das Deutsche Reich. (14). 1901.

144. Die blofse Beeinträchtigung der Willensfreiheit, also eine nur verminderte Willensfreiheit kann nicht als ein strafausschliefsendes Moment, sondern nur als ein Strafzumessungsgrund, und als strafmildernd nur insofern in Betracht kommen, als der Richter darin einen (vom Gesetz zugelassenen) mildernden Umstand erblickt.

Wille, Zur Frage der geminderten Zurechnungsfähigkeit. Z. Schw. Str. **3**, 1 ff.

I. In theoretischer Beziehung ist die verminderte Zurechnungsfähigkeit anzuerkennen, da sich auch innerhalb der Geisteskrankheit das Gesetz der Entwicklung geltend macht. Zwischen geistiger Krankheit und Gesundheit finden sich zahlreiche Zwischenstufen; sie lassen den Träger nicht als geisteskrank erscheinen, unterscheiden ihn aber wesentlich von dem Gesunden.

II. Praktisch ergibt sich die Zulassung des Begriffes daraus, dafs der Gesetzgeber dort, wo er den Begriff nicht schon unbedingt anerkannt hat, durch die Annahme der mildernden Umstände zu helfen sucht. Doch hat er damit eine bestimmte Geistesbeschaffenheit des Täters als Strafmilderungsgrund nicht zur Geltung bringen wollen, woraus die logische, wie sachliche Mifsgeburt einer derartigen Hilfskonstruktion erhellt.

Merkel, Gutachten über den Entwurf eines Strafgesetzbuchs für den Norddeutschen Bund (1869). 9. D. J. T. 1 16 ff., bes. 56 ff.

Selbstverständlich ist, dafs eine Unvollkommenheit des sittlichen und rechtlichen Unterscheidungsvermögens, wie sie sich bei den Unmündigen findet, auch bei (dem Alter nach) Mündigen sowohl dauernd als vorübergehend vorkommen kann, und dafs dieselbe zu berücksichtigen ist.

Man behauptet jedoch grundlos, dafs ein daraus abgeleiteter Milderungsgrund aus der Masse der übrigen für das Strafmafs bestimmenden Umstände nicht ausgesondert werden dürfe. Dieses ist ebenso zulässig, wie ihn in Beziehung zu dem Strafausschliefsungsgrunde der Zurechnungsunfähigkeit zu setzen, da Strafausschliefsungs- und Milderungsgründe im engen Zusammenhange stehen. Bei beiden handelt es sich um die Wirksamkeit der nämlichen Kräfte, nur dafs im einen Falle der völlige Ausschlufs dieser Wirksamkeit, im andern eine blofse Hemmung oder Schwächung vorliegt. Unlogisch ist es, eine solche Unvollkommenheit nicht dem gänzlichen Mangel des (rechtlichen) Unterscheidungsvermögens bei Erwachsenen zur Seite zu stellen, wie es bei Jugendlichen geschieht.

Eine „Halbierung der Zurechnung“ tritt nicht ein. Die Frage danach ist stets mit ja oder nein zu beantworten. Jedoch läfst die Bejahung die Frage nach dem Mafse übrig, in welchem sich die Unterscheidungsfähigkeit entwickelt zeigt und sich zu beteiligen vermochte.

Die Gegengründe richten sich

1. gegen die Existenz eines dem Ausschlufs der Zurechnungsfähigkeit entsprechenden Milderungsgrundes. Durch obiges erledigt;

2. gegen eine Aufstellung dieses Milderungsgrundes im Gesetz. Doch enthält dieses keine einseitige Berücksichtigung der inneren Tatseite (Meyer) gegenüber äufseren Tatbeständen, weil diese im speziellen Teil geregelt, jene aber bei den verschiedenen Verbrechen stets die nämlichen sind. Überflüssig erscheint die Aufstellung auch nicht infolge der Weite des Strafrahmens, ebensowenig, weil dies dem Richter, vor allem dem Geschworenen einen bequemen Ausweg eröffnet, auf dem er sich einer wirklichen Beantwortung der Frage nach der Zurechnungsfähigkeit entschlagen kann. Diese Gefahr besteht bei allen Mittelgliedern strafrechtlicher Mittelstufen;

3. gegen eine Loslösung dieses Milderungsgrundes von der ungestalteten und ungesichteten Materie der Ausmessungsgründe.

Doch besteht die Entwicklung des Strafrechts guten Teils in der Zerlegung dieser Mafse und der individualisierenden Ausbildung ihrer Bestandteile;

4. gegen die Formulierung des Milderungsgrundes.

Max-Simon, Crimes et délits dans la folie. 1886; 280—282.

Die Theorie der verminderten Zurechnungsfähigkeit führt dazu, dafs die Strafe vermindert, dafs z. B. Gefängnis anstatt Zuchthaus erkannt wird. Aber da der Angeklagte ein Kranker ist, so hat diese Minderung der Strafe für den Kampf gegen seine Krankheit keinen Wert. Was dieser Theorie zu Grunde liegt, ist, dafs man zu den Richtern kein genügendes Vertrauen hat, dafs sie einen Jeden freisprechen werden, den der Arzt als zurechnungsunfähig bezeichnet; in der Befürchtung einer schweren Strafe wird der Arzt lieber den Angeklagten als vermindert zurechnungsfähig bezeichnen.

Man hat behauptet, dafs in den Irrenhäusern eine gewisse Zurechnungsfähigkeit der Wahnsinnigen erkannt wurde, indem man sie bestrafte und belohnte. Das aber sind blofse Sicherheitsmafsregeln welche mit einer Strafe nichts zu tun haben; die Zurechnungsfähigkeit kommt in diesen Fällen nicht in Betracht.

Flemming, Ein Votum in Sachen der verminderten Zurechnungsfähigkeit. Z. Ps. **22** 97 ff.

Bei den sog. „intermediären Zuständen" nimmt nicht der Grad der psychischen Krankheit ab und zu, sondern nur der Grad ihrer Erkennbarkeit, während in thesi (ideel) angenommen werden mufs, dafs auch in ihnen die Grenze zwischen Gesundheit und Krankheit eine bestimmte und scharfe ist. Mithin wird auch bei diesen Zuständen nicht die Zurechnungsfähigkeit selbst, sondern nur die Sicherheit, mit welcher sie gefolgert werden kann, den Schwankungen und dem Grade unterliegen. Mit anderen Worten: so wenig wie die psychische Krankheit mit der Anzahl ihrer wahrnehmbaren Symptome oder Merkmale wächst und abnimmt, ebenso wenig wächst und fällt mit dieser Anzahl die Nicht-Zurechnungsfähigkeit, welche durchaus nicht an die einzelnen Symptome der psychischen Krankheit, sondern nur an den gesamten Inbegriff der Symptome, welche die Krankheit kennzeichnen, gebunden ist. Folglich wird man in betreff der intermediären Zustände, wie rücksichtlich der denselben inhärenten psychischen Krankheit nicht von einer „verminderten Zurechnungsfähigkeit" reden können, sondern nur von einer „verminderten Erkennbarkeit der Zurechnungsfähigkeit."

Nasse, Z. Ps. **46**, 336,

hat sich bei der Einführung des deutschen Strafgesetzbuches für den Begriff der verminderten Zurechnungsfähigkeit ausgesprochen, weil er einsah, dafs viele Menschen sich auf den Grenzgebieten zwischen geistiger Gesundheit und Krankheit bewegen und Handlungen begehen, die weder volle Strafe noch Freisprechung verdienen. Von dieser Ansicht ist Verfasser abgekommen, weil er die Einführung des oben genannten Begriffes bei der Unwissenheit der Juristen in psychiatricis für eine Gefahr hält. Aufserdem würde bei dem notorischen Mangel der Kenntnisse vom Wesen der Geistesstörung bei der weitaus gröfsten Zahl unserer Ärzte der oben erwähnte Begriff einen Ausweg für Anmafsung und Unwissenheit bieten.

Roller, Z. Ps. **46,** 337 ff.,

ist gegen die Einführung des Begriffs der geminderten Zurechnungsfähigkeit, weil sicherlich, wenn man an autoritativer Stelle dem Geisteskranken für sein krankhaftes Tun wenigstens einen Teil der Verantwortung zuschiebt, die irrigen Meinungen über Geisteskranke neue Nahrung erhalten. Für eine nicht sehr bedeutende Zahl forensischer Fälle käme der Begriff in Betracht, aber für eine weitaus grofse Zahl anderer Geisteskranken würde die Sachlage sich sehr ungünstig gestalten.

Siemerling, Z. Ps. **57,** 580 ff.

Von allen Autoren wird darauf hingewiesen, dafs es keine scharfe Grenze zwischen geistiger Gesundheit und Krankheit gibt. Wenn es sich nicht um die im engeren Sinne geisteskranken Verbrecher, sondern um die geistig schwachen, defekten Verbrecher handelt, so häufen sich die Schwierigkeiten der ärztlichen Beurteilung. Der Begriff der „verminderten Zurechnungsfähigkeit" wird hier kaum Wandel schaffen.

Mendel, Art.: Zurechnungsfähigkeit in Eulenburgs Realencyklopädie (3) **26,** 515 ff., bes. 523 f.

In den Fällen, in denen mildernde Umstände zugelassen sind, kann ihre Begründung auch in der Eigentümlichkeit der geistigen Veranlagung des Täters festgestellt werden. Da, wo mildernde Umstände als nicht zulässig im Strafgesetz erachtet worden sind, kann die Eventualfrage, ob etwa die Überlegung fehlte oder Fahrlässigkeit das Verbrechen hervorgebracht hat, dem individuellen Zustande des Täters gerecht werden. Kann damit also eine verminderte Zurechnungsfähigkeit in der Tat, wenn auch indirekt, ausgesprochen werden, so scheint auf der andern Seite die entscheidende Bedeutung gar nicht in der etwas gröfseren oder geringeren Höhe des Strafmafses zu liegen, als vielmehr in dem Strafvollzug. Jene Individuen bedürfen, wenn sie nicht dauernd geschädigt werden sollen, eine mildere, ihrer krankhaften Anlage entsprechendere Art des Strafvollzuges, als der normale Verbrecher.

Das Mittelding von verminderter Zurechnungsfähigkeit würde nur die Verantwortlichkeit der Ärzte mindern, und gewifs würde sich hinter jenem nur zu gern Unkenntnis verbergen; es wird nur zu leicht dadurch genaue und gewissenhafte Untersuchung hintangehalten werden. Bleibt ein Fall zweifelhaft, läfst sich die Frage, ob krank oder gesund, nicht mit Sicherheit beantworten, so erscheint es weit zweckmäfsiger, dies offen mit einem „non liquet" zu erklären und dem Richter das Weitere zu überlassen, als durch Schaffung von Zwitterdingen schliefslich nur zur Verdunklung des ganzen Sachverhaltes beizutragen.

Mendel, Über geminderte Zurechnungsfähigkeit. Ps. W. **1,** 7.

Die mildernden Umstände sind bestimmt, die geminderte Zurechnungsfähigkeit zu ersetzen. In den Fällen, in welchen mildernde Umstände nicht gegeben sind, kann eine verständige Auslegung des Gesetzes die mildernden Umstände tatsächlich zur Erscheinung bringen lassen. Man wird z. B. bei geminderter Zurechnungsfähigkeit statt der Todesstrafe für den Mord die Strafe für den Totschlag eintreten lassen, indem man die Überlegung verneint. In ähnlicher Weise liefse sich wohl bei geminderter Zurechnungsfähigkeit nachweisen, dafs nicht Meineid, sondern fahrlässiger Meineid vorliegt. Wenn nun aber auch zugegeben werden kann, dafs in manchen Fällen dem eigentümlichen geistigen Zustande des Täters, welcher nicht im Sinne des § 51 als zurechnungsunfähig zu erachten ist, nicht dadurch Rechnung getragen werden kann, dafs ihm mildernde Umstände bewilligt werden, so würde die Konsequenz für die psychiatrischen Forderungen mit Rücksicht auf die Lage der Gesetzgebung nicht die sein, Bestimmungen über die verminderte Zurechnungsfähigkeit im Strafgesetz zu fordern, sondern die Einführung mildernder Umstände da zu beanspruchen, wo sie bisher noch nicht existieren. In der eigenen forensischen Tätigkeit hat Verfasser den Mangel einer Bestimmung nie gefunden. Es war immer möglich, durch Hinweis auf die eigentümliche Geistesbeschaffenheit des Täters die Annahme mildernder Umstände oder eines andern Strafgesetzbuchsparagraphen zu erreichen.

Bresler, Die partielle Zurechnungsfähigkeit bei Geisteskranken. Ps. W. **1,** 61 ff.,

berichtet über die Diskussion der Medico-psychological Association von Grofsbritannien und Irland 1898 und vergleicht sie mit der Diskussion im Verein Deutscher Irrenärzte in Halle 1899 im Anschlufs an das Referat Wollenbergs (vgl. Z. Ps. **56,** 615 ff.): Dort debattierte man über verminderte Unzurechnungsfähigkeit Geisteskranker, die bisher für gänzlich zurechnungsunfähig gehalten wurden, hier kämpft man um die verminderte Zurechnungsfähigkeit gesunder Personen. die bisher für gänzlich zurechnungsfähig erachtet wurden. Man wird einwenden, dafs partielle Zurechnungsfähigkeit und geminderte Zurechnungsfähigkeit zwei verschiedene Dinge sind; im erstern Falle würden bestimmte Handlungen gänzlich zugerechnet im Gegensatz zu andern, die gar nicht zugerechnet werden; im andern würden bestimmte Handlungen nur in gemindertem Grade zugerechnet, die andern gänzlich. Im Grunde genommen kommt aber beides im wesentlichen auf dasselbe hinaus. Es ist mit partieller Zurechnungsfähigkeit nicht gesagt, dafs die betreffenden Handlungen unvermindert zugerechnet werden müssen, und ebensowenig mit geminderter Zurechnungsfähigkeit, dafs alle Handlungen gemindert zugerechnet werden. Die geminderte Zurechnungsfähigkeit ist zugleich eine partielle; die partielle dürfte wohl kaum eine andere als eine geminderte sein. Logisch kann ein vermindert Zurechnungsfähiger eo ipso vermindert zurechnungsunfähig sein.

So wie der Begriff der verminderten Zurechnungsfähigkeit die Existenzberechtigung desjenigen der verminderten Zurechnungsunfähigkeit in sich trägt, so ist es in nicht geringerem Mafse mit den Begriffen der — geminderten — geistigen Gesundheit und der — geminderten — geistigen Krankheit der Fall. Wenn ein Geisteskranker als solcher eo ipso in seiner Totalität als krank betrachtet wird, so kann man umgekehrt mit demselben Recht einen Geistesgesunden in seiner Totalität als gesund betrachten. Entweder gibt es also keine partielle geistige Gesundheit, dann gibt es auch keine geistige partielle Krankheit, oder es gibt eine partielle geistige Gesundheit, dann gibt es auch eine ebensolche geistige Krankheit. Diejenigen, welche die verminderte Zurechnungsfähigkeit eingeführt haben wollen, müssen zugeben, dafs jemand, der vermindert geistig gesund ist, mit andern Worten als nicht ganz geisteskrank aufgefafst werden kann, und jemand, der nicht ganz geisteskrank ist, auch nicht ganz zurechnungsunfähig zu sein braucht.

In der Einführung der geminderten Zurechnungsfähigkeit liegt keine absolute Wohltat. Mancher würde das volle Strafmafs der auf Grund geminderter Zurechnungsfähigkeit erkannten geringeren Strafe vorziehen, um nicht in den Augen des Publikums, namentlich des geschäftlichen, als nicht ganz zurechnungsfähig zu gelten.

Durch mildernde Umstände würde sich ebenso eine Verringerung des Strafmafses herbeiführen, wie durch die sogenannte verminderte Zurechnungsfähigkeit. Später wird auch der Richter von dem Sachverständigen über drei Punkte differieren können (nicht wie jetzt über zurechnungsfähig und -unfähig): 1. zurechnungsfähig oder nicht, 2. zurechnungsfähig oder vermindert zurechnungsfähig, 3. vermindert zurechnungsfähig oder zurechnungsunfähig.

Cramer, Gerichtliche Psychiatrie. Jena 1903.

38. Ohne Zweifel bietet die Handhabung des § 51 St.G.B. bei psychopathisch minderwertigen Individuen Schwierigkeiten und führt auch mitunter zu Härten. Immerhin sind die Fälle sehr selten, in denen durch das Nichtvorhandensein einer gesetzlichen Bestimmung, welche die verminderte Zurechnungsfähigkeit anerkennt, ein wirkliches Unrecht geschieht. Ein Unrecht wird allerdings darin liegen, dafs die Minderwertigen, wenn sie verurteilt werden, wie gesunde Verbrecher behandelt werden und mit diesen zusammen ihre Strafe verbüfsen.

Vorläufig fehlt es noch an ausreichendem Material als Grundlage für eine Umgestaltung des § 51. Die Einführung des Begriffs der verminderten Zurechnungsfähigkeit ist auch insofern bedenklich, als man leicht hierin einen bequemen Ausweg in kompliziert liegenden Fällen sehen wird. Auch werden die praktischen Schwierigkeiten sehr grofs sein, da es vorläufig an geeigneten Anstalten fehlt, in denen die vermindert Zurechnungsfähigen untergebracht werden könnten. Wer wird auch die Kostenlast für die oft lebenslängliche Unterbringung solcher Individuen tragen?

Bei gewissen Grenzfällen, welche unter den Begriff der geminderten Zurechnungsfähigkeit fallen, könnte man vielleicht einen Versuch mit bedingter Strafaussetzung oder Begnadigung machen. Die Furcht vor einer Internierung in einer Anstalt oder vor einer Entmündigung schaltet so starke Hemmungen ein, dafs längere, kürzere Zeit oder ganz Konflikte mit dem Strafgesetz vermieden werden.

Das Strafgesetzbuch kennt eine verminderte Zurechnungsfähigkeit nicht. Den Fällen, welche Grenzgebieten zwischen geistiger Gesundheit und Krankheit angehören, müssen wir durch Annahme mildernder Umstände, soweit dies gesetzlich zulässig ist, gerecht werden. Pflicht des Sachverständigen ist es, im Gutachten auf die psychopathischen, nervösen Erscheinungen deutlich hinzuweisen. Berechtigte Zweifel würden überdies auch nach der Rechtsprechung des Reichsgerichts, E. **21** 31, genügen, um eine Freisprechung herbeizuführen.

Ferri, Das Verbrechen als soziale Erscheinung. Grundzüge der Kriminal-Soziologie. Deutsche Ausgabe von Dr. Hans Kurella. 1896. Leipzig.

293. Das von Romagnosi hingestellte Mafsprinzip der Zurechnungsfähigkeit, die Stärke des verbrecherischen Antriebes (spinta criminosa) hätte die schematische Lösung der strafrechtlichen Sätze allen sehr erschwert. Gesetzgebung, Theorie und Rechtsprechung haben die Zurechnungsfähigkeit gemessen und quantitativ bestimmt, und haben angenommen, dafs sie vollständig, um ein Drittel, drei Viertel vermindert sei, wenn die Willensfreiheit um den gleichen Betrag vermindert sei. Das ist arithmetisch sehr bequem, aber psychologisch höchst absurd und sozial gefährlich. Wie man früher annahm, dafs bei den Monomanen Vernunft und Wahn als gute Nachbarn in verschiedenen Räumen der Intelligenz leben könnten, so nimmt diese Theorie an, Notwendigkeit und Freiheit könnten ebenso friedlich innerhalb desselben Willens zusammen sein. Und da jede Verminderung der moralischen Imputation mit einer steigenden Anomalie der Intelligenz und des Willens verbunden ist, ergibt sich für diese Anschauung die praktische Folge, dafs die Repression, d. h. die Abwehr der Gefahr um so geringer wird, je mehr die Gefährlichkeit und Schädigung wachsen. Hierzu steht nun die auf Biologie und Kriminalstatistik gegründete positivistische Theorie in radikalem Gegensatze.

Der Grund der strafrechtlichen Verantwortlichkeit liegt nicht in der sittlichen Verantwortlichkeit des Täters, sondern in der Tatsache, dafs derselbe in der Gesellschaft lebt. Die besonderen Zustände und Verhältnisse des Täters, der Tat und der Gesellschaft berühren die Existenz der Zurechnung nicht, sondern haben nur die Bedeutung von Kriterien, nach welchem die Abwehr dem Angriffe angepafst wird.

Friedel, Die geminderte Zurechnungsfähigkeit nach dem Entwurf des norddeutschen Strafgesetzbuches, D. Str. Z. **10**, 98 ff.

Das preufsische Obertribunal hat in seinen Entscheidungen vom 6. September 1861 und 4. April 1855 ausgesprochen, dafs „ein Mischungsverhältnis der Zurechnungs- und der Unzurechnungsfähigkeit und ein daraus hervorgehender gradueller Unterschied der Zurechnungsfähigkeit undenkbar sind." Doch entspricht die Konstruktion dieses Gegensatzes nur der formalen Logik. Die empirische Logik läfst Übergangsformen zu. So lehrt uns auch die Psychologie als Naturwissenschaft, dafs nichts im geistigen wie im körperlichen absolut, alles vielmehr im Flusse, in rasender Bewegung ist, dafs sonach der Wille zum Trieb, der Trieb zum Willen überschwankt, mit einem Worte, dafs es Grenzgebiete gibt, wo die Bestimmung, ob man freie oder unfreie Willensbestimmung und folgeweise Zurechnung oder Unzurechnungsfähigkeit annehmen müsse, ganz aufserordentlich schwierig oder unmöglich wird.

In der Praxis wird auch oft genug schon von den Gerichtsärzten von der verminderten Zurechnungsfähigkeit geredet; durch ihre gesetzliche Anerkennung würde weder die Besorgnis einzelner Juristen gerechtfertigt werden, dafs eine Menge gefährlicher Verbrecher unter dem Dockmantel angeblich verminderter Zurechnungsfähigkeit sich der wohlverdienten Strafe entziehen würden, noch die Sorge der Irrenärzte, dafs Geisteskranke als vermindert Zurechnungsfähige bestraft werden würden.

Ein vermittelndes Glied, die verminderte Zurechnungsfähigkeit gewährt im Strafrecht nicht blofs ein den Anforderungen der Gegenwart entsprechendes neutrales Gebiet, auf welchem Juristen und Nichtjuristen ihre Ansicht austauschen können, sondern bietet auch für die Zukunft den unberechenbaren Vorteil, eine Dehnbarkeit zu besitzen, welche noch auf lange Zeit die Entwickelungen neuer Entdeckungen und neue Entwickelung im Gebiete der Psychologie gestattet, ohne dafs es nötig wäre, um allen Gedankensprüngen der jeweilig herrschenden Psychiaternschule zu genügen, fortwährend neue das Rechtsbewufstsein erschütternde Strafrechtsbestimmungen zu erfinden.

Westphal, Arch. Ps. 2, 235.

Es ist nicht zweifelhaft, dafs es Zustände gibt, welche, ohne den eigentlichen Geistesstörungen anzugehören, doch das normale

Vonstattengehen der Seelenvorgänge beschränken. Eine Grenze zwischen ihnen und den Geisteskrankheiten läfst sich nicht angeben, und es bleibt für diese Zustände nichts übrig, als mildere Strafen einzuführen. Es erhebt sich gegen die Zulassung solcher Zustände nur ein Bedenken, dafs die schwerer zu beurteilenden, wenngleich ganz entschiedenen Fälle geistiger Störung von nicht Sachverständigen mit in diese Kategorie gerechnet werden könnten, zum Nachteil des Kranken.

Näcke, Forensisch-psychiatrische Randglossen zum Prozesse Dippold. Arch Krim. Anthr. **13,** 363.

Man soll die verminderte Zurechnungsfähigkeit nicht zu weit fassen, weil sonst die unzähligen geistig leicht Minderwertigen in- und aufserhalb des Gefängnisses alle darunter fallen würden.

P. Cbl. Nervheilk. **16** 353 ff.

Bei einem stärkeren Grad von Geisteskrankheit wird vollständige Unfreiheit meist angenommen, während in leichteren oder zweifelhaften Fällen auf „verminderte Zurechnungsfähigkeit" oder auf „mildernde Umstände" erkannt werden kann. Bedauerlicherweise kennt das deutsche Strafgesetzbuch nur die letzteren.

Allerdings ist der Begriff der „verminderten Zurechnungsfähigkeit" in der Praxis schwer zu handhaben, weil Mifsbräuche schwer zu vermeiden sind.

Mittermaier, C. J. A., Der Milderungsgrund der sog. verminderten Zurechnung. G. S. **11,** 32 ff.

44 f. Gemindert ist nicht die Zurechnungsfähigkeit, denn diese besteht entweder ganz oder gar nicht, sondern die Zurechnung einer Handlung oder Unterlassung zur Schuld oder Strafe. Hier kann von Verminderung insofern gesprochen werden, als Zustände vorhanden sind, in welchem die von dem Gesetzgeber bei jedem reifen Menschen vorausgesetzten Bedingungen, unter denen er die volle gedrohte Strafe als gerecht erkennt, nicht vollständig bei dem Handelnden begründet sind.

v. Arnold, Archiv des Kriminalrechts. N. F. 1853, 239 ff.

Ebenso wie zwischen vollständiger und gänzlich mangelnder Zurechnungsfähigkeit keine scharfe Grenzlinie gezogen werden und ebenso keine Abstufung nach Graden gefunden werden kann, ebenso sinkt die Strafbarkeit in dem Mafse, in welchem die Zurechnungsfähigkeit mangelt. In Fällen, in denen die Zurechnungsfähigkeit gemindert ist, hat die Strafbarkeit in geminderten Mafse einzutreten.

Meyer, Hugo, Das norddeutsche Strafrecht. Halle 1869. 30 ff.

Eine Notwendigkeit, die verminderte Zurechnungsfähigkeit als Milderungsgrund anzuerkennen, liegt nur insofern vor, als noch an der Todesstrafe und der lebenslänglichen Zuchthausstrafe als absolut bestimmten Strafen festgehalten wird. Für die übrigen Verbrechen kommt es nur darauf an, die Grenzen des richterlichen Ermessens genügend weit zu bestimmen, um auch auf diejenigen Fälle, in denen insbesondere der geistige Zustand des Angeklagten ein bedenklicher war, gerechte Rücksicht nehmen zu können.

Meyer, Hugo, Lehrbuch des deutschen Strafrechts (5). 1895.

151. Grade der Zurechnungsfähigkeit kann es nur insofern geben, als der sie begründende geistige Zustand und damit die Verschuldung mannigfach abgestuft sein kann. In diesem Sinne also kann man von einer geminderten oder verminderten Zurechnungsfähigkeit reden, die in jedem Falle bei der Strafabmessung in Betracht kommt, darüber aber hinaus auch als sog. Milderungsgrund anerkannt sein sollte, was im geltenden Rechte bis jetzt leider nicht der Fall ist.

416. Was die verminderte Zurechnungsfähigkeit betrifft, so war dieselbe sowohl im früheren gemeinen Recht, wie in den meisten neueren Gesetzgebungen (nicht in Preufsen) anerkannt, und zwar mit Recht, da dieselben Zustände, welche in höherem Grade vorhanden die Zurechnungsfähigkeit ausschliefsen, in geringerem Grade eine Verminderung der Schuld herbeiführen. Nicht so das geltende Recht, ein Mangel, der besonders bei den absoluten Strafvorschriften des geltenden Rechts, vor allem bei dem Verbrechen des Mordes hervortritt.

Geyer, Grundrifs zu Vorlesungen über gemeines deutsches Strafrecht. 1884.

1, 100. Die menschliche Freiheit ist durchaus relativ, in Bezug auf verschiedenes Wollen und zu verschiedenen Zeiten verschieden. Man kann daher auch von Graden der Freiheit bezw. der Zurechnung oder Zurechenbarkeit reden.

von Krafft-Ebing, Lehrbuch der gerichtlichen Psychopathologie. (Stuttgart 1875.)

29. Häufig sind die subjektiven Momente des Tatbestandes so beschaffen, dafs zwar die Voraussetzungen der Zurechnungsfähigkeit nicht gerade fehlen, aber doch äufsere gesellschaftliche (fehlende oder schlechte Erziehung) oder innere organische Bedingungen obwalten, welche die freie Selbstbestimmung beeinträchtigen und damit die Schuld mindern. Unter den organischen können es angeborene oder erworbene psychische Schwächezustände, in erblicher Anlage begründete Anomalien des Charakters usw. sein, die das Gewicht unsittlicher Antriebe vermehrten, die Widerstandskraft schwächten, ungewöhnlich starke Affekte und Leidenschaften provocierten, die Klarheit und Besonnenheit der Beurteilung trübten.

Moll, Untersuchungen über die Libido sexualis. Berlin 1898.

813. Die geminderte Zurechnungsfähigkeit beruht auf der Annahme, dafs bei einem bestimmten Geisteszustand ein Motiv so stark werden kann, dafs es zwar nicht absolut den Willen nach

einer Richtung bestimmt, aber doch so, daſs eine andere Richtung des Willens sehr erschwert ist und daſs demgemäſs die Tat milder beurteilt werden muſs.

Wesnitsch, die Schuldlehre im Lichte moderner Wissenschaft Z. ges. Str. **12**, 889 ff. (Referat).

Geistige, wie leibliche Gesundheit sind durchaus relative Begriffe. Insbesondere existiert zwischen sogenannter geistiger Gesundheit und Krankheit keine feststehende Demarkationslinie.

Emmert, Über psychische Zustände, welche Strafbarkeit ausschlieſsen oder vermindern. Z. Schw. Str. **8**, 65 ff.

Sowohl aus den verschiedenen geistigen Entwicklungsstufen, als gerade aus den verschiedenen Graden von Trunkenheit ergibt sich besonders die Notwendigkeit der Annahme verschiedener Grade von Zurechnungsfähigkeit, bei welchen die Unbewuſstheit der Strafbarkeit der gesetzwidrigen Handlung eine sehr verschiedene sein kann, welcher Verschiedenheit doch bei der strafrechtlichen Behandlung des Falls Rechnung getragen werden muſs.

Weingart, Die verminderte Zurechnungsfähigkeit Z. ges. Str. **19**, 133 ff. (vgl. Z. Ps. **56** 462 ff.)

Es gibt zahlreiche Fälle, in denen die Fähigkeit, den Willen frei zu bestimmen, nicht ausgeschlossen, aber doch gehemmt ist, Fälle, in denen es dem Betreffenden durch gewisse innere Zustände erschwert wird, unsittlichen Antrieben zu widerstehen und den Ausschlag zum Guten zu finden. Als derartige geistige Strömungen kommen namentlich in Betracht angeborene und erworbene geistige Beschränktheit, leichter Schwachsinn, krankhafte Erregbarkeit, Zustände, in denen das Nervensystem infolge von Neurosen, Kopfverletzung, Vergiftung durch Alkohol, Morphium und dergl. abnorm tätig ist.

Personen mit solchen Zuständen sind an sich noch fähig, frei ihren Willen zu bestimmen, sind also noch zurechnungsfähig; es fällt ihnen aber schwer, sich für das richtige zu entscheiden. Demzufolge ist, wenn sie sich für das Gesetzwidrige entscheiden, ihre Schuld geringer.

Man bezeichnet solche Personen als vermindert zurechnungsfähig. Der Ausdruck ist nicht ganz korrekt, da ein Mensch nur entweder zurechnungsfähig oder nicht zurechnungsfähig sein kann. Mit ihnen werden Zurechnungsfähige mit geringerer Schuld bezeichnet. Neuere Bestrebungen gehen aber mehr dahin, diesen nicht sowohl eine mildere Strafe, als vielmehr eine besondere Art des Strafvollzugs zu teil werden zu lassen.

Pelman, Die verminderte Zurechnungsfähigkeit. Bonn 1903.

7. Die Bezeichnung verminderte Zurechnungsfähigkeit hat den Vorzug der Kürze.

Jolly, Über geminderte Zurechnungsfähigkeit Z. Ps. **44,** 461 ff. faſst seine Erörterungen dahin zusammen (478):

1. Daſs das praktische Bedürfnis Bestimmungen über geminderte Zurechnungsfähigkeit verlangt;
2. daſs die Bestimmungen über mildernde Unstände, welche das deutsche Strafgesetzbuch enthält, nicht ausreichend sind, um diesem Bedürfnis zu entsprechen.

In der Diskussion über den Vortrag Jollys führten aus:

Arndt, Z.Ps. **44,** 503, es müſsten die mildernden Umstände in gröſserem Maſse eingeführt werden.

Meschede, ebd. 504, ein dringliches Bedürfnis, den Begriff der verminderten Zurechnungsfähigkeit einzuführen, liegt nicht vor. Auch da, wo mildernde Umstände nicht gegeben sind, kann eine geringere Zurechnungsfähigkeit bei der Strafzumessung berücksichtigt werden.

Spamer, ebd. 505, die Notwendigkeit der Annahme einer geminderten Zurechnungsfähigkeit ist wissenschaftlich unbestritten.

Grashey, ebd. 505, die geminderte Zurechnungsfähigkeit hat ihre bedenklichen Schattenseiten. Sie bringt den Verwaltungsbeamten und die Distriktspolizeibehörden in Verlegenheit; sollen sie einen geisteskranken Menschen, der wegen der Annahme geminderter Zurechnungsfähigkeit zwar milder, aber doch bestraft wurde, nachdem er aus der Strafanstalt entlassen ist, noch als einen gemeingefährlichen Irren in die Irrenanstalt schicken oder nicht? Es kann also die geminderte Zurechnungsfähigkeit einen Angeklagten unter Umständen nicht bloſs in die Strafanstalt, sondern nachträglich in die Irrenanstalt führen wegen eines und desselben Reates.

Mendel, Über geminderte Zurechnungsfähigkeit Z.Ps. **45,** 525.

Es gibt eine groſse Zahl von Fällen, in welchen Geisteskrankheit im gewöhnlichen Sinne nicht vorhanden ist, in welchen aber doch gewisse abnorme Vorgänge im Geistesleben, gewisse Unvollkommenheiten und Einseitigkeiten, gewisse krankhafte Schwächen und Erregungen nachweisbar sind. Diese Menschen im Konflikt mit dem Strafgesetz müssen anders, d. h. milder bestraft werden, als normale Menschen.

Grashey, Über geminderte Zurechnungsfähigkeit. Z. Ps. **45,** 534 ff.

Aus dem Umstande, daſs es Menschen gibt, welche in mancher Richtung zurechnungsfähig sind, in anderer Richtung aber nicht, eine geminderte Zurechnungsfähigkeit abzuleiten, ist identisch mit der unzulässigen Behauptung, daſs Zurechnungsfähigkeit in der einen Richtung und Unzurechnungsfähigkeit in anderer Richtung geminderte Zurechnungsfähigkeit im allgemeinen bedinge.

Erhebt man aber den Einwand, daſs es im konkreten Falle nicht leicht sei, bestimmt zu sagen, ob eine in Frage stehende

Handlung mit einem nachgewiesenen psychischen Defekt, mit einem vereinzelten Krankheitssymptom in ursächlichem Zusammenhang stehe oder nicht, und dafs man daher richtiger für solche schwierigen Fälle die von Jolly geforderte geminderte Zurechnungsfähigkeit rehabilitieren solle, so mufs man sagen, dafs jede derartige Schwierigkeit mit zunehmender Erfahrung des Einzelnen und mit dem Fortschreiten der Wissenschaft kleiner wird und dafs eine solche Schwierigkeit, auch wenn sie die Gefahr eines Fehlgriffs in sich schliefst, doch immer noch akzeptabler ist, als das Auskunftsmittel der geminderten Zurechnungsfähigkeit, welches bei jeder Anwendung einen Fehler in sich schliefst, indem es entweder einen Zurechnungsfähigen zu leicht bestraft oder einen Unzurechnungsfähigen verurteilt.

Bestimmungen über geminderte Zurechnungsfähigkeit sind daher nicht in das Strafgesetzbuch aufzunehmen.

Erörterung strafrechtlicher Fragen aus dem Gebiete der Medizin. Anlage 3 zu den Motiven des Strafgesetz-Entwurfs für den Norddeutschen Bund.

Antwort der wissenschaftl. Deputation v. 24. März 1869.

(Vgl. **Virchow** Gesammelte Abhandlungen aus dem Gebiete der öffentlichen Medizin II. 512.)

23. Es ist die Frage aufgeworfen, ob der § 40 des Entwurfs durch einen etwa wie folgt lautenden Zusatz zu ergänzen sein möchte:

> „Befand sich zur Zeit der Begehung eines Verbrechens oder Vergehens der Täter im Zustande verminderter Zurechnungsfähigkeit, so ist er mit geringerer Strafe zu belegen, als wenn er das Verbrechen oder Vergehen im Zustande voller Zurechnungsfähigkeit begangen hätte.“

Dafs überhaupt eine geminderte Zurechnungsfähigkeit, als unter Umständen vorhanden, nunmehr anerkannt werden soll, können wir vom Standpunkt der medizinischen Wissenschaft nur als einen wesentlichen Fortschritt gegen die frühere rechtliche Auffassung des Begriffs der Zurechnungsfähigkeit bezeichnen.

Diejenigen Geisteszustände, welche von jeher als die Zurechnungsfähigkeit ausschliefsend anerkannt sind, lassen sich nicht durch scharfe und bestimmte Grenzen trennen von dem Geisteszustande, welcher dem gesunden vernünftigen Menschen eigentümlich ist. Geistige Krankheit und Gesundheit gehen, ebenso wie körperliche Krankheit und Gesundheit, in unmerklichen Abstufungen in einander über.

Diejenigen Geisteszustände, welche in ihrer völligen Ausbildung die Freiheit des Handelns resp. die Willensbestimmung des Menschen derart beeinflussen, dafs er als unzurechnungsfähig angesehen wird, werden selbstverständlich auch da, wo sie weniger entwickelt sind, nicht ohne allen Einflufs bleiben.

Es ist daher ganz sachgemäfs, wenn nicht Zurechnungsfähigkeit und Unzurechnungsfähigkeit als zwei spezifisch verschiedene Qualitäten einander gegenüber gestellt werden, sondern mit der geminderten Zurechnungsfähigkeit jenen tatsächlich vorhandenen Geisteszuständen Rechnung getragen wird, die den Menschen nicht völlig unfrei machen, ihn aber auch als wirklich frei nicht erscheinen lassen.

Neumann, Psychologische Reflexionen über das Preufsische Strafgesetzbuch und den Entwurf zu einem Strafgesetzbuche für den Norddeutschen Bund. Oppeln 1870. 30 ff.

Ein Strafgesetzbuch verdient erst dann den Namen eines psychologischen, wenn es offen und rückhaltlos das Prinzip der Grade der Zurechnungsfähigkeit annimmt. Die Einwendungen gegen die Aufnahme dieses Prinzips sind nicht dem Boden der Psychologie entsprungen. Sie stammen entweder aus psychologischen Gemeinplätzen oder aus juristischen und staatspolizeilichen Bedenken. Verf. knüpft hieran die Bemerkung: „Ängstlich würde ich erst werden, wenn ich hörte, dafs erfahrene Vorsitzer von Schwurgerichtshöfen Bedenken gegen die Zulassung einer verminderten Zurechnungsfähigkeit äufsern sollten. Das wird wohl kaum geschehen.“

Koch, Die psychopathischen Minderwertigkeiten.

133. Es mufs mit aller Entschiedenheit gefordert werden, dafs der Begriff der verminderten Zurechnungsfähigkeit in die deutsche Strafgesetzgebung eingeführt werde.

134. Wer die Sache vom Standpunkt der ärztlichen Erfahrung aus betrachtet, der sieht deutlich, dafs es nicht blofs einerseits Menschen gibt, nämlich die Geisteskranken, bei welchen zufolge von Krankheiten das Gehirn die Geistestätigkeit in einer Weise beeinflufst und gestört ist, dafs die freie Willensbestimmung bei ihnen ausgeschlossen ist, und andererseits Menschen gibt, deren Geistestätigkeit in einer Weise intakt ist, dafs sie völlige Freiheit der Willensbestimmung besitzen, — sondern, dafs zwischen diesen beiden Gruppen auch noch Menschen stehen, bei welchen zwar keine völlige Willensunfreiheit besteht, aber doch organisch-pathologisch bedingte Erschwernisse vorhanden sind, wenn es sich darum handelt, im gegebenen Falle den Ausschlag zum Rechten zu finden, verbrecherischen Antrieben zu widerstehen usw. Das sind psychopathisch minderwertige Menschen mit Zuständen verschiedener Art. Wenn aber den Menschen, welche in einer Weise durch Krankheit geschädigt sind, dafs ihre freie Willensbestimmung wenigstens vor menschlichen Augen als völlig ausgeschlossen betrachtet werden mufs, — wenn solchen Menschen die Gesetzgebung

eine an sich strafbare Handlung nicht zurechnet, so wird die Gesetzgebung anderen, für die es zufolge eines pathologischen Zustandes ihres Gehirns zwar nicht unmöglich, aber schwer, vielleicht viel schwerer als für normale Menschen ist, manchen Antrieben zu widerstehen usw., es wird die Gesetzgebung solchen Menschen ihre strafbaren Handlungen nur in vermindertem Grade zurechnen dürfen.

135. Es handelt sich hierbei blofs um empirisch Gegebenes, um die empirische Willensfreiheit, von welcher alle menschliche Strafgesetzgebung ausgehen und ihr Recht herleiten mufs „dafs der gereifte und geistig gesunde Mensch ausreichende Willenskraft habe, um die Antriebe zu strafbaren Handlungen niederzuhalten und dem allgemeinen Rechtsbewufstsein gemäfs zu handeln.“

Iwanoff, Neur. Cbl. **21** 733 (Referat).

Als eine absolute läfst sich die Unzurechnungsfähigkeit nur für die Fälle „richtigen Irreseins“ feststellen, als relative wird sie auch für eine bestimmte, gröfsere oder geringere Anzahl von Fällen sogenannter „angrenzender“ oder „zweifelhafter Geisteszustände“ festgestellt. Demnach bleibt noch eine gewisse Anzahl „angrenzender Zustände“ übrig, für welche wir, wenn wir uns nach dem psychologischen Kriterium richten, nicht im stande sind, die Unzurechnungsfähigkeit zu bestimmen. Aus einem Teile dieser Gruppe lassen sich die sogenannten Übergangszustände abteilen, welche quasi in der Mitte zwischen psychischer Gesundheit und „schon ausgesprochener“ psychischer Erkrankung stehen. Für diese Fälle mufs ein besonderer Grund der Zurechnungsfähigkeit festgesetzt werden. Es wird auf mögliche Abstufungen der verminderten Zurechnungsfähigkeit hingewiesen: 1. auf die „verminderte Zurechnungsfähigkeit im wahren Sinne des Wortes“; 2. auf die sogenannte „bedingte Verurteilung“; 3. auf die sogenannte „bedingte Begnadigung“ und 4. auf die Erweiterung der Umstände, die zur Verringerung der Schuld und dadurch auch der Strafe dienen.

Leppmann, V. J. S. ger. Med., 3. Folge, **3,** 85. cf. den hier begutachteten Fall.

Ein Schwachsinn, welcher den Träger noch eine selbständige Stellung im sozialen Organismus erringen läfst, bedingt nach neueren Rechtsanschauungen keinen Ausschlufs der freien Willensbestimmung. § 51 bleibt aber hier ausgeschlossen. Ob die Geschworenen, dadurch, dafs sie ihr Verdikt statt auf Mord auf Totschlag abgaben, einer verminderten Zurechnungsfähigkeit Rechnung tragen wollten, ist nicht unmöglich. Bis nicht dieser Begriff, der ja aus dem Strafgesetzbuch ausgemerzt ist, so weit wieder in Geltung kommt, dafs er auf das Strafmafs zurückwirkt, wird dergleichen immer noch vorkommen, um die grofse Lücke zwischen den straffrei ausgehenden und dem gerade noch Verantwortlichen auszufüllen. Dieser Begriff wird noch im Strafvollzuge eine Rolle spielen.

Leppmann, Die Sachverständigentätigkeit bei Seelenstörungen. Berlin 1890.

83. Es lehrt die wissenschaftliche Erfahrung, dafs zwischen Bewufstlosigkeit und Klarheit, sowie zwischen geistiger Störung und Vollsinnigkeit keine schroffen Grenzen, sondern die mannigfachsten Übergänge sind, so dafs es notwendiger Weise Individuen geben mufs, bei welchen die Freiheit der Selbstbestimmung zwar nicht ausgeschlossen, aber doch gemindert ist.

Näcke, Z. Ps. **49** 600 (vgl. 281).

Es giebt neben solchen, welche nicht imstande sind, gesunde Motive für ihr Handeln zu gewinnen, genug solche, welche dies nur teilweise, nur unvollkommen vermögen. Wir können daher diese Mittelstufe der Willenskraft recht gut als verminderte Zurechnungsfähigkeit bezeichnen, so wie es bei Intelligenz, Gefühl usw. auch Mittelstufen giebt.

Zurechnungsunfähig absolut sind nur relativ wenige; dafs man den Begriff „verminderte Zurechnungsfähigkeit" nicht mifsbrauchen darf, braucht nicht speziell betont zu werden. Darüber (über Zurechnungsfähigkeit) kann nur der Arzt, nicht der Jurist entscheiden, der von Psychiatrie, Sociologie keine Ahnung hat.

Delbrück, Korresp.Bl., Schw. Ärzte, **26** 303.

Bei vermindert Zurechnungsfähigen kommt es vor allem auf eine dauernde Versorgung an.

Durchaus nicht aus theoretisch-wissenschaftlichen Gründen mufs man für den Begriff der verminderten Zurechnungsfähigkeit eintreten, sondern ganz besonders aus praktischen Zweckmäfsigkeits-Erwägungen. Man kann sich ohne den Begriff der verminderten Zurechnungsfähigkeit gar nicht helfen, da eine Grenze zwischen der Unzurechnungsfähigkeit und der Zurechnungsfähigkeit nicht existiert.

Delbrück, Ärztl. Sachv. Z. **2,** 250 ff. Über verminderte Zurechnungsfähigkeit bei moralischem Irresein:

Die Anerkennung des Begriffes der verminderten Zurechnungsfähigkeit entspricht durchaus einem praktischen Bedürfnis aus verschiedenen Gründen. Einerseits ist eine scharfe Grenze zwischen der Unzurechnungsfähigkeit und der Zurechnungsfähigkeit nicht zu ziehen, andrerseits müfsten die moralisch-Idioten, die doch das gröfste Kontingent den vermindert Zurechnungsfähigen stellen, in besonderen Anstalten untergebracht werden, da sie sicherlich eine besondere Behandlung verdienen. Aufserdem aber würde dadurch der Staat die Versorgung solcher gemeingefährlicher Leute übernehmen, sodafs den Heimatsgemeinden die Last abgenommen würde.

Kirn, Über geminderte Zurechnungsfähigkeit, V. J. S. ger. Med., 3. Folge, **16,** 266 ff.

271. Die gesetzliche Berücksichtigung der geminderten Zurechnungsfähigkeit entspricht einem tatsächlichen Bedürfnis. Die mildernden Umstände reichen nicht aus.

Schaefer, V. J. S. ger. Med., 3. F., **17**, 296.

Bekanntlich wird ja als Grund gegen den Begriff der geminderten Zurechnungsfähigkeit angeführt, dafs durch ihn den wirklich geisteskranken Personen der Schutz des § 51 St.G.B. nur teilweise zu gute käme. Andrerseits aber gelangt man bei Vermeidung des oben genannten Begriffs dazu, angeklagte Personen ganz und gar der Schärfe des Strafrichters zu überlassen, obschon sie eine Schonung wohl verdienten.

Vor allen Dingen wird durch den Begriff der „verminderten Zurechnungsfähigkeit" der strenge Begriff der Willensfreiheit im Strafrecht gemildert und durch ihn das beste Mittel gegeben, den Richter daran zu erinnern, dafs es eine wirkliche Freiheit des Willens nicht giebt. Die geminderte Zurechnungsfähigkeit tritt immer in denjenigen zahlreichen Fällen in ihr Recht, in denen ein unmittelbarer Zusammenhang zwischen Störung und Straftat nicht vorhanden ist.

Ilberg, Über verminderte Zurechnungsfähigkeit, Die Grenzboten, 1898, 183 f. (vgl. Z. Ps. **56** 474 ff.)

183. Die Einführung von besonderen Bestimmungen über verminderte Zurechnungsfähigkeit ist ein unabweisbares Bedürfnis.

184/185. Die psychiatrische Wissenschaft, die sich die Erkenntnis und Behandlung der Geisteskrankheiten zum Ziel gesetzt hat, kannte früher etwa 5 sich in grofsen Zügen von einander unterscheidende und kennt jetzt mehr als 20 in feineren Nuancen von einander sicher unterscheidbare Einzelkrankheiten; an der inneren schärferen Abgrenzung dieser Krankheiten von einander wird mit Eifer und offenbar mit Glück weiter gearbeitet. — Was nun bei diesen Studien immer deutlicher hervortritt, ist, dafs die Natur wie bei allen anderen Organen, so auch beim Seelenorgan zwischen Gesundheit und Krankheit keine unübersteigliche Schranke errichtet hat, dafs psychische Gesundheit und Krankheit in vielen Fällen ohne scharfe Grenze in einander übergehen, dafs es Menschen giebt, die nicht ausgesprochen geisteskrank, aber auch durchaus nicht geistesgesund sind.

Aschaffenburg, bei **Hoche,** Handbuch der gerichtlichen Psychiatrie, Berlin 1901.

34. Zwischen dem zweifellos Zurechnungsfähigen und dem gänzlich Unzurechnungsfähigen liegt eine ununterbrochene Skala von Zwischenstufen. Das Fehlen einer scharfen Grenze zwingt zur Annahme eines Zustandes, in dem die Verantwortlichkeit für die Handlungen durch die gering entwickelte Intelligenz beeinträchtigt wird, ohne dafs die Störung der Geistestätigkeit hochgradig genug ist,

um die freie Willensbestimmung vollständig auszuschliefsen. Solche Zustände bezeichnet man als verminderte Zurechnungsfähigkeit.

Das Reichsstrafgesetzbuch nahm den Begriff der verminderten Zurechnungsfähigkeit nicht auf. Durch Annahme mildernder Umstände sollte dem Bedürfnis, diesen Zuständen Rechnung zu tragen, genügt werden.

.Diese Lösung ist nicht zweckentsprechend. Zunächst ist ja bei $^3/_4$ der Fälle die Annahme der mildernden Umstände gesetzlich ausgeschlossen, wie bei Brandstiftung, Raub, Mord etc. Überdies ist aber auch die Annahme mildernder Umstände in den Fällen verminderter Zurechnungsfähigkeit völlig ungeeignet.

Gegen die Einführung des Begriffs der verminderten Zurechnungsfähigkeit ist vor allem geltend gemacht worden, dafs dann sicher häufig wirklich Geisteskranke als vermindert Zurechnungsfähige angesehen würden. Bei der Schwierigkeit der Grenzzustände wird sich dieser Gefahr nur durch bessere Ausbildung der Sachverständigen begegnen lassen. Ferner ist gegen die Einführung der verminderten Zurechnungsfähigkeit eingewendet worden, dafs hierdurch nur das Vorurteil der Richter gegen die Irrenärzte neue Nahrung erhalte. Dieses Argument ist hinfällig, wenn man davon ausgeht, dafs der vermindert Zurechnungsfähige zwar von Strafe befreit sein soll; aber es soll der Gesellschaft das Recht des Einschreitens, und zwar einer zielbewufsten Behandlung oder Ausscheidung nicht genommen werden.

Tarde, La philosophie pénale, 1890 und 1900. 183—186.

Der Meinung des Dr. Falret ungeachtet, soll die verminderte Zurechnungsfähigkeit angenommen werden, kraft des Satzes 'natura non fecit saltus'. — Der Verfasser nennt eine grofse Anzahl von Irren- und Gerichtsärzten, welche die verminderte Zurechnungsfähigkeit verteidigt haben.

Dubuisson, Théorie de la responsabilité. Arch. Anthr. Crim., **3,** 60—65.

Die verminderte Zurechnungsfähigkeit kann sich in zwei verschiedenen Arten äufsern, zwischen welchen man unterscheiden mufs.

1. Wenn man auf dem ethischen Standpunkt steht, so soll man die gefährlichsten Geisteskranken mit den mildesten Strafen bedrohen.

2. Wenn man auf dem sozialen Standpunkt steht, so soll man die wenigstschuldigen Geisteskranken mit den härtesten Strafen bedrohen, damit die Abschreckungskraft genügend sei, um gegen ihre krankhafte Natur kämpfen zu können.

Da der Mensch nur als Mitglied einer Gesellschaft existiert, so mufs man dem sozialen Standpunkt den Vorzug geben.

Hospital, Des degrés de la responsabilité, Ann. Méd.-Psych.; 8. Reihe; **10,** 205—236.

Man ist gezwungen, die verminderte Zurechnungsfähigkeit anzunehmen:

1. Weil die Grenzen zwischen der Vernunft und dem Wahnsinn noch nicht bestimmt sind.

2. Weil der Arzt vom Richter über den Grad der Zurechnungsfähigkeit des Angeklagten gefragt wird.

Man soll die verminderte Zurechnungsfähigkeit bei den Kranken annehmen, welche sich verteidigen, vernünftig reden, versuchen ihre Handlung zu erklären, weil dieses bei ihnen ein gewisses Bewufstsein bezeichnet, an welches eine verminderte Zurechnungsfähigkeit anknüpfen soll.

Bérard, La responsabilité morale et la loi pénale, Arch. Anthr. Crim. 7, 153—178.

Jede schuldige Handlung mufs bestraft werden, wenn sie mit Wissen und Willen vollendet wurde. Die Unzurechnungsfähigkeit soll nur angenommen werden, wenn der Verbrecher unfähig war das Gute vom Bösen zu unterscheiden oder wenn sein Wille gänzlich abwesend war. Zwischen diesen Gegensätzen gibt es, dem Prinzip „natura non fecit saltus“ gemäfs, eine Reihe von Mittelzuständen, bei welchen die Strafe gemildert werden soll, weil die Zurechnungsfähigkeit des Verbrechers durch Krankheit oder durch Schwachheit und Verständnislosigkeit seines Geistes, vermindert wird.

Samter, Die kriminalistische Bedeutung des Falles Dippold, R. 7, 513 ff.

Unter verminderter Zurechnungsfähigkeit versteht man jene eigenartige Geistesverfassung, bei welcher äufsere Eindrücke, meist bestimmter Richtung, leichter als bei normaler Zurechnungsfähigkeit den Entschlufs zu einer Straftat hervorrufen.

Die Ansicht der verminderten Schuld eines vermindert Zurechnungsfähigen wird durch den Fall Dippold widerlegt, der sich auf Grund seiner streng logisch durchgeführten Verteidigung als voll strafbedürftig gezeigt hat. Wie bei ihm, so sind auch bei den anderen vermindert Zurechnungsfähigen die Geistes- und Verstandeskräfte vollkommen intakt, sodafs bei ihrer Anwendung die Tat ebensogut unausgeführt hätte bleiben können.

Andererseits ist eine dauernde Unterbringung in eine Heilanstalt neben der Strafe notwendig, sofern nicht das geistige Ich eines solchen Verbrechers gänzlich gebessert ist. Sonst erwächst für die Gesellschaft neue Gefahr.

Seuffert, Ein neues Strafgesetzbuch. München 1902. 41.

Die Lücke des geltenden Rechtes, dafs es durch allgemeine Zulassung der mildernden Umstände die Berücksichtigung der unter geminderter Zurechnungsfähigkeit zusammenzufassenden Zustände möglich macht, ist nicht empfehlenswert. Der Begriff der mildernden

Umstände ist zu unbestimmt. Der Minderungsgrund der geminderten Zurechnungsfähigkeit ist begrenzter als die mildernden Umstände.

v. Liszt, Die strafrechtliche Zurechnungsfähigkeit. Eine Replik. Z. ges. Str. **18,** 229.

Gegenüber allen Angriffen ist festzustellen:

1. Ein allgemein giltiges Merkmal der Zurechnungsfähigkeit ist bisher nicht gefunden worden.

2. Es kann ein solches Merkmal auch gar nicht geben, da Geistesgesundheit und Geisteskrankheit durch ungezählte Zwischenstufen ineinander übergehen.

3. Ein solches Merkmal kann entbehrt werden, sobald die scharfe Entgegenstellung von Strafe und Sicherungsmittel aufgegeben wird.

v. Liszt, Lehrbuch des Deutschen Strafrechts, (12/13). 1903.

164. Der Begriff der Zurechnungsfähigkeit ist ein relativer. Daher ist die starre Scheidung der Verbrecher in zurechnungsfähige und solche, die es nicht sind, wissenschaftlich falsch und praktisch gefährlich. Eine gewisse Aushilfe gewährt der Begriff der „verminderten Zurechnungsfähigkeit".

Stranz, D. J. Z. **9** 382.

Die geltenden Strafnormen versagen gegenüber den Erscheinungen moderner Entartung. Sie kennen nur ein aut-aut, Zurechnungsfähigkeit oder Unzurechnungsfähigkeit, nicht aber die in unserer Zeit so häufigen Zwischenzustände. Daher die befremdlichen Gutachten der medizinischen Sachverständigen, die darauf hinauslaufen, der Angeklagte sei vom medizinischen Standpunkte aus nicht völlig zurechnungsfähig, dagegen sei er im juristischen Sinne gemäfs den geltenden Strafnormen zurechnungsfähig. Eine solche Unterscheidung zwischen Wissenschaft im Sinne der Medizin und Wissenschaft im Sinne der Jurisprudenz ist verfehlt. Wer unzurechnungsfähig ist, mufs es für den Mediziner und den Juristen sein; wer minderwertig, gleichfalls. Durch eine baldige Umformung dieses Teils mufs für eine dem Volks- und Rechtsbewufstsein entsprechende Rechtsprechung gesorgt werden.

II. Abschnitt.

Die Zustände geminderter Zurechnungsfähigkeit.

Mittermaier, C. J. A., Der Milderungsgrund der geminderten Zurechnungsfähigkeit, G.S. **11.**

51. Die Annahme von Zuständen, in welchen der Milderungsgrund der sogenannten verminderten Zurechnung rechtlich wirksam sein mufs, rechtfertigt sich dadurch, dafs der Gesetzgeber bei der Drohung der Strafen ein gewisses Mafs von freier Selbstbestimmung

und einen gewissen Gemütszustand voraussetzt, dessen Dasein berechtigt, eine gewisse Strafe als gerecht anzusehen.

60 ff. Die Hauptklasse der in Betracht kommenden Zustände bilden:

1. Die krankhaften Zustände des Seelenlebens. Es kommen hierbei nicht die eigentlichen Seelenkrankheiten in Betracht. Die hierher gehörenden Zustände sind entweder solche, welche als Vorläufer oder als Symptome beginnender Seelenkrankheit erscheinen.

Andere hierher gehörige Zustände werden begründet, wenn jemand durch fortwährende Kränkungen oder durch gewisse, das Gemütsleben ergreifende Vorstellungen erschüttert, in einen die Klarheit des Bewufstseins trübenden Zustand heftiger Aufregung kommt. (Fälle, in denen der Täter vor seinem Verbrechen Selbstmordsversuche macht.)

Ferner gehören hierher die Zustände, in welchen (ohne eigentliche Seelenkrankheit) bei einer Person krankhafte körperliche Zustände auf das Seelenleben wirken, indem sie die Klarheit der Erkenntnis des Unrechts und Selbständigkeit des Entschlusses hindern. Hierher gehören die durch Epilepsie, Heimweh, Schwangerschaft, Störungen der Menstruation, Entwicklungskrankheiten veranlafsten Seelenzustände.

Verminderte Zurechnungsfähigkeit kann begründet werden durch das Fortwirken von Seelenkrankheiten, die zwar zur Zeit eines verübten Verbrechens scheinbar nicht vorhanden waren, wo aber die geistige Tätigkeit mehr oder minder krankhaft gestört ist. Hierher gehören auch Zustände, welche bei geheilten Personen als Nachwirkungen voriger Krankheit zurückblieben.

2. In eine andere Klasse von Zuständen, in welchen die Zurechnungsfähigkeit vermindert ist, gehören die Fälle bei Blödsinn und Taubstummheit.

3. Eine Klasse der Gründe verminderter Zurechnung bilden die Zustände, in denen der Täter unter dem Einflusse eines schweren Zwangs leidet, ohne dafs die Aufhebung der Zurechnung angenommen werden kann.

4. Einer besonderen Klasse gehören Zustände an, in denen vorübergehend durch äufsere Ereignisse und Eindrücke ein solches getrübtes Bewufstsein und eine Verwirrung des Geistes eintritt, dafs ohne Aufhebung der Zurechnung angenommen werden kann, die Vernunft konnte ihre Herrschaft nicht vollständig geltend machen. Dies ist der Fall bei Trunkenheit in niederen Graden, bei Schlaftrunkenheit, bei dem durch längere Schlaflosigkeit erzeugten Zustande und bei dem Affekte.

5. Eine besondere Klasse bilden jene Zustände, in welchen durch aufserordentliches Zusammentreffen von Umständen eine solche Verstimmung und Verwirrung des Geistes, verbunden mit einer aufserordentlichen Aufregung entstanden ist, dafs bei dem Täter der

Gebrauch der Freiheit beschränkt ist, z. B. Zusammenwirken von schwerer Provokation und Trunkenheit in geringerem Grade. Vorzüglich kann das auch eintreten in Fällen, in welchen eine Person mit einer anderen, welche sterben will, die beiderseitige Tötung verabredet, die andere Person tötet, sich selbst auch zu töten versucht, aber nicht stirbt.

Erörterung strafrechtlicher Fragen aus dem Gebiete der Medizin (s. oben S. 24) 23 ff.

Von nicht wenigen Verbrechern kann man sagen, sie seien werdende Geisteskranke. Erbliche und angeborene Anlagen, erworbene Störungen des Nervenapparates sind nicht selten zu konstatieren. Andernfalls entwickeln sich durch Trunksucht, Mangel, Entbehrung, allerlei Depressionszustände des Nervensystems, welche noch nicht als Geisteskrankheit bezeichnet werden können, welche aber krankhafte Veränderungen sind, die zu Geisteskrankheit disponieren und sich derselben nähern.

Friedel, Die verminderte Zurechnungsfähigkeit. D. Str. Z. **10,** 98 ff.

Bei dieser Frage ist zu berücksichtigen, dass es eine Anzahl von Geisteskrankheiten gibt, die sich keineswegs jedem auf den ersten Blick offenbaren, andererseits, dafs es eine zahlreiche Klasse von Individuen gibt, die auf Grund epileptischer, epileptoider oder hysterischer Anlage oder auf Grund hereditärer Anlage oder auf Grund hereditärer Beziehungen, unter psychischer Belastung stehen, zu denen ferner auch die von Geburt an Geistesschwachen gehören, auch Taubstumme von geringer Verstandesanlage oder vernachläfsigter Erziehung, deren Willensfreiheit bei Begehung einer Tat nicht selten gebunden ist und die häufig genug in die Klasse der vermindert Zurechnungsfähigen gehören.

Meyer (Ludwig), Die Stellung der Geisteskrankheiten und verwandter Zustände zur Kriminalgesetzgebung. Arch. Ps. **2,** 425 ff. (Vgl. D. Str. Z. **9,** 541 ff.)

440. Wie sich überhaupt keine Grenze zwischen Krankheit und Gesundheit ziehen läfst,* so läfst sich auch in der Entwickelung der Geisteskrankheit nicht mit Genauigkeit der Punkt bezeichnen, wo die psychischen Äufserungen aufgehört hatten, sich in der mittleren Breite des normalen geistigen Lebens zu bewegen. Für die ärztliche Beurteilung kommen hauptsächlich die pathologischen Zustände in Betracht, aus welchem sich am häufigsten Geisteskrankheiten entwickeln — Zustände, welche in den psychiatrischen Lehrbüchern als Anlagen, Dispositionen zur Geisteskrankheit behandelt werden. Dahin gehören zuerst einige, in ihrer Symptomatologie genügend erkennbare Nervenkrankheiten, — die Hypochondrie, die Hysterie, die Epilepsie — aber auch alle möglichen Gehirnleiden, ja jede Erkrankung, welche das Nervensystem von vornherein oder in ihren Folgen in bedeutenderem Grade affiziert — schliefslich wird ein

grofses Gewicht auf die Familienanlage, die Heredität gelegt werden müssen, sollte auch individuell keiner der genannten pathologischen Zustände nachgewiesen werden können.

443. Wie aus der Unzurechnungsfähigkeit Geisteskranker die verminderte Zurechnungsfähigkeit leichterer psychischer Störungen folgt, so nötigt die Aufhebung der gesetzlichen Verantwortlichkeit des Kindesalters bis zum vollendeten zwölften Jahre zur Zulassung der verminderten Zurechnungsfähigkeit für ältere Kinder. Als ein zweiter, dem Beginn der Pubertätsentwickelung entsprechender, bestimmter Termin bietet sich hier der Abschlufs derselben, der zugleich ziemlich mit dem Ende des Körperwachstums zusammenfällt.

442. Für den Richter hat die beschränkte Zurechnungsfähigkeit ganz und gar die Bedeutung der sogenannten mildernden Umstände.

v. Krafft-Ebing, Lehrbuch der gerichtlichen Psychopathologie, Stuttgart 1875.

57. 1. Schwachsinnige. Im allgemeinen ist beim Schwachsinnigen eine verminderte rechtliche Verantwortlichkeit anzunehmen.

2. Taubstumme. Von der durch Unterricht erlangten Ausbildung mufs die Entscheidung der Zurechnungsfähigkeit abhängen.

163. 3. Moralisch Irre. Die Frage nach der rechtlichen Verantwortlichkeit solcher degenerierten Individuen mufs beim gegenwärtigen Standpunkt der Strafgesetzgebungen als eine offene bezeichnet werden. Möge sie vom Juristen generell und in konkretem Falle gelöst werden! — Ein Strafbarkeitsbewufstsein ist solchen Menschen im allgemeinen nicht abzusprechen; aber es beschränkt sich auf eine einfache Kenntnis des Rechtes ohne alles ethische Verständnis, und ihr Unterscheidungsvermögen reduziert sich auf die Geltendmachung der egoistischen Motive der Nützlichkeit oder Schädlichkeit einer intendierten Handlung. Damit erscheint solchen Menschen in ihrem defekten ethischen und rechtlichen Bewufstsein Recht und Gesetz nur als einfache polizeiliche Verordnung.

163. Jene Korrektur und Beschränkung der sinnlichen egoistischen Impulse durch sittliche, integrierende Bestandteile des Charakters bildende Korrektive, wie sie der ethisch Vollsinnige übt, ist hier unmöglich. aber nicht wie beim Verbrecher dadurch, dafs das Gewicht dieser sittlichen Korrektive durch mangelnde Ausbildung oder positiv schlechte Erziehung, trotz guter Naturanlage, zu schwach oder die egoistischen Antriebe durch effektvolle leidenschaftliche Stimmungen potenziert waren, sondern weil eine abnorme Hirnorganisation sie untergehen liefs, während gleichzeitig durch eine solche die sinnlichen Antriebe pathologisch gesteigert und entartet sind. Damit entfällt die Möglichkeit eines sittlich freien Willens, einer Freiheit der Wahl, an deren Stelle ein Zwangswollen

tritt, das nur noch im Sinne der perversen Gelüste und egoistischen Antriebe sich äufsern kann.

187. 4. Hysterische. Während die Zurechnungsfähigkeit einer einfach Hysterischen und die Unzurechnungsfähigkeit einer hysterisch Seelengestörten keinem Zweifel unterliegt, ergeben sich zwischen diesen Polen der Krankheit mit der Häufung der elementaren psychischen Störungen eine Unzahl von Mittelzuständen psychischen Gesund- und Krankseins mit krankhaften Stimmungen und Affekten, perversen und doch aus der Krankheit hervorgegangenen Trieben bei gleichzeitig energielosem und durch mannigfache formale und inhaltliche Störungen der Vorstellungsprozesse gestörtem Wollen. Es zeigen sich Bizarrerien und Exzentrizitäten, die bald als scheinbare Launen sich kundgeben, bald zur Verletzung der Rechtssphäre anderer führen können, eigentümliche Störungen und veränderte Reaktionen der gesamten Denk- und Empfindungsweise bis zur Immoralität und Gemütslosigkeit, kurz eine Summe von anormalen psychischen Zuständen, die äufserlich zwar durchaus als Leidenschaften, moralische Gebrechen, unsittliche Neigungen sich darstellen, innerlich aber mehr oder weniger nur der Reflex krankhafter Stimmungen und Strebungen sind und deswegen nicht unbedingt als zurechenbar sich hinstellen lassen.

211. 5. Epilepsie. Die Epilepsie ist allerdings kein Aufhebungsgrund der Zurechnungsfähigkeit, aber bei der Flüchtigkeit und Häufigkeit psychopathischer Erscheinungen, bei der immer vorhandenen Möglichkeit, dafs eine strafbare Handlung im Zusammenhang mit einem unbeobachteten epileptischen Anfall stattfand, in eine Zeit fiel, wo psychische Umdämmerung unvermerkt in klares Bewufstsein überging, hat der Richter allen Grund, vorsichtig in der Berurteilung, und mild in der Bemessung der Schuld zu sein. Die Nichtbeachtung der Epilepsie in foro verschuldet zahlreiche Justizmorde.

Kraufs, Die Psychologie des Verbrechens. (Tübingen 1884).

Zustände, bei denen es sich nicht immer blofs um mildernde Umstände, sondern auch um die Frage der Zurechnungsfähigkeit handelt (S. 37).

33. Die 3 Hauptformen der Neurosen: Hypochondrie, Hysterie und Epilepsie.

34. Der Hypochonder verfällt nach und nach in Weichlichkeit und Arbeitsscheu. Er wird deshalb, wenn im öffentlichen Amte, eher durch Versäumnisse Disziplinarmafsregeln gegen sich hervorrufen als durch Übergriffe in die Rechtssphäre Anderer mit den Gerichten in Kollision kommen.

72. Der Schwachsinn:

84. 1. Beschränktheit, Beschränkung auf die konkrete Begriffssphäre. Unverminderte Zurechnungsfähigkeit.

2. Verstandesschwäche, Begriffsarmut im Allgemeinen. Verminderte Zurechnungsfähigkeit.

3. Blödsinn, in specie Schwachsinn, Verstellungsarmut. Aufgehobene Zurechnungsfähigkeit.

Koch, Die psychopathischen Minderwertigkeiten. Ravensburg 1891. (vgl. Irrenfreund **23** 81 ff.)

13. 1. Die angeborene (andauernde) psychopathische Disposition.

Die psychische Zartheit dieser angeborenen psychopathisch Disponierten zeigt sich in einer mehr gleichmäfsig oder mehr nur nach einzelnen Seiten hin vorhandenen gesteigerten Empfänglichkeit für Eindrücke, nicht selten geradezu in Empfindlichkeit und Verletzlichkeit, und prägt sich oft auch im Mangel an Tatkraft aus.

14. Durch eine richtige, beharrlich durchgeführte leibliche und geistige Diät wäre viel zu erreichen und mancher Schaden zu verhüten.

18. 2. Die angeborene (andauernde) psychopathische Belastung.

Die hier zu betrachtenden psychopathisch Minderwertigen sind, was das psychische Gebiet betrifft, gekennzeichnet durch Anomalien in der Erregbarkeit, Mangel an Ebenmafs, ein ungebührlich in den Mittelpunkt gerücktes, verschrobenes und widerspruchsvolles Ich, durch Seltsamkeiten und Verkehrtheiten, primordial-instinktive Regungen und Ausbrüche und etwas Periodisches in ihrem Verhalten.

77. Zustände angeborener (andauernder) psychopathischer Belastung mit vorherrschendem Zwangsdenken.

Die Zwangsgedanken sind dadurch gekennzeichnet, dafs sie pathologisch bedingt sind, primordial hervorquellen, mit pathologischem Zwang sich aufdrängen und zwischen das übrige Denken sich eindrängen, so dafs sich der davon Betroffene nicht willkürlich (völlig) von ihnen losmachen kann, dafs sie aber dabei als etwas Fremdes, Aufgedrungenes und beziehungsweise Unzutreffendes erkannt werden.

97. Die hier in Rede stehenden, durch das Vorherrschen von Zwangsdenken ausgezeichneten Zustände sind keine Geisteskrankheiten, und sie gehen auch nicht in und durch sich selbst in Geisteskrankheit über.

110. 3. Die angeborene (andauernde) psychopathische Degeneration.

Unter den Begriff der angeborenen psychopathischen Degeneration fallen diejenigen angeborenen psychopathischen Minderwertigkeiten, bei welchen neben den sonst vorhandenen psychischen Anomalien eine habituelle geistige Schwäche besteht, und zwar eine Schwäche entweder vorwiegend auf dem intellektuellen oder vorwiegend auf dem moralischen oder annähernd gleich stark auf dem intellektuellen wie auf dem moralischen Gebiet.

136. Jede deutlich ausgesprochene psychopathische Degeneration bedingt an sich selbst jedenfalls einige, unter Umständen eine weitgehende Verminderung der Zurechnungsfähigkeit.

Es gibt auch Belastete, bei denen es so zweifellos ist wie bei den Degenerierten, dafs ihre Belastung an sich selbst eine Verminderung der Zurechnungsfähigkeit begründet. Das sind Gruppen von Belasteten, welche einem Grenzgebiet gegen die Psychose und beziehungsweise gegen die Degeneration hin zugehören, so z. B. Leute mit einer Schwäche des allgemeinen (nicht speziell des ethischen) Gefühls- und Willenslebens, Leute mit periodischen instinktiven Regungen u. dgl.

137. Bei denjenigen Degenerierten, wo nicht die Degeneration (nämlich die dieselbe kennzeichnende psychische Schwäche) ohne weiteres und für sich allein eine Verminderung der Zurechnungsfähigkeit bedingt, wird man in jedem Falle, wo es sich um die Frage handeln kann, ob bei jemand in der Zeit, in welcher er eine strafbare Handlung beging und beziehungsweise mit Rücksicht auf diese Handlung vielleicht vermindert zurechnungsfähig gewesen sei — man wird in jedem solchen Falle die Bedeutung aller psychopathologischen Umstände im ganzen Fühlen, Vorstellen und Wollen (der dauernden sowohl wie der etwa vorhandenen periodischen) genau abwägen, welche auf das allgemeine Tun und Lassen des Degenerierten oder auf bestimmte Handlungen desselben Einflufs gewinnen können. Ebenso verhält es sich natürlich bei Disponierten und Belasteten.

371. Auch im Hinblick auf die erworbenen (andauernden) psychopathischen Minderwertigkeiten ist es mit Rücksicht auf gerichtsärztliche Aufgaben durchaus zu wünschen, dafs der Begriff der verminderten Zurechnungsfähigkeit in unser Strafgesetzbuch eingeführt werde.

376. Es ist nicht zweifelhaft, dafs es auch bei manchen erworben psychopathisch Minderwertigen, namentlich manchen Personen, die an erworbener psychopathischer Degeneration leiden, vorkommen kann, dafs sie durch transitorische Zustände psychopathischer Minderwertigkeit, z. B. schon durch Affekte, die mehr oder weniger unter dem Bilde eines gewöhnlichen Affekts verlaufen, über die Grenze der Zurechnungsfähigkeit hinübergenommen werden.

287. a) Die hypochondrische konstitutionelle Belastung.

290. b) Die hysterische konstitutionelle Belastung.

346. c) Die eleptische psychopathische Degeneration.

351. d) Die alkoholistische psychopathische Degeneration.

358. e) Die soziale psychopathische Degeneration.

Leppmann, Die Sachverständigentätigkeit.

84. Der häufigste unter den Typen ist:

1. Der Schwachsinn und zwar in erster Reihe der angeborene, dann aber auch der erworbene, sei es als Rest einer akuten Störung zurückbleibende oder aus fortschreitender allmählicher Entartung hervorgehende.

85. Eng an den einfachen Schwachsinn schliefst sich der moralische Schwachsinn.

64. Wesen des moralischen Schwachsinns: Angeborene oder meist in früher Jugend erworbene Hemmung resp. Entartung des Seelenlebens, welche sich vorwiegend in einer Schwäche oder in gänzlichem Ausfall der Leistungen des Gemütslebens äufsert.

86. 2. Der transitorisch Geisteskranke. Dergleichen Krankheitszustände gehen immer mit Erregung oder wenigstens Benommenheit einher. Häufig treten sie uns als Ausdruck epileptischer Degeneration entgegen, doch am häufigsten handelt es sich um alkoholistische Störungen.

87. 3. Die Halbverrückten. Hierzu gehört die vielgestaltige Menge, welche sich in ihrem Seelenleben auf allen Etappen des Weges zwischen geistiger Gesundheit und ausgebildeter chronischer Verrücktheit bewegt, jene Weltverbesserer, Schwärmer, Sonderlinge usw., durch deren Denken und Handeln der Grundzug einer Sonderstellung in der menschlichen Gesellschaft, nämlich der Glaube an die eigene hervorragende Geisteskraft und ein systematisches Verkannt- ja Unterdrücktwerden durch die Mitmenschen geht. Das beste Muster für diese Gruppe sind die Querulanten.

275. Unter der Menge von psychisch Abnormen unter den Verbrechern und Sträflingen, welche an der Schwelle des Irrsinns stehen, lassen sich mehrere Kategorieen unterscheiden. Diese sind weniger durch organische Merkmale als durch ihr symptomatisches, klinisches Verhalten auseinander zu halten, und auch hier nicht in streng durchgreifender Art. Sie gehen leicht in einander über, sind aber im ganzen unter sich als einheitliche Gruppen zu differenzieren.

1. Die Schwachsinnigen.

276. Unter den schwachsinnigen Verbrechern sind viele nicht derartig geistig defekt, dafs sie als gänzlich unzurechnungfähig anzusehen sind, indessen ist keine Frage, dafs sie nicht befähigt sind, mit voller Schärfe die Tragweite ihrer Handlungen zu übersehen.

2. Die impulsiv Gewalttätigen.

279. Diese Individuen gehören in erster Reihe in das zweifelhafte Grenzgebiet. Während die Stimmung und das Verhalten vor dem Ausbruch der gewalttätigen Handlung, und diese selbst den unverkennbaren Charakter des Krankhaften verrät, ist nach der ausgelösten Katastrophe der Zustand psychischer Ruhe, normaler Einsicht und aufrichtiger Reue eingekehrt. Hier ist keine Wahn-

vorstellung vorhanden, welche zu diesen Anfällen führt; diese sind vielmehr Stimmungsäufserungen eines krankhaft gesteigerten, unerträglich gewordenen, schmerzhaften Spannungszustandes, einer hochgradig gesteigerten Reizbarkeit, mit deren Entladung sich ein Gefühl der Erleichterung einstellt.

280. Die Wutausbrüche (sagt Nicolson: Journal of ment. science, Bd. 20 S. 404, 1874), wenn sie auch nicht als Zeichen einer Geistesstörung anzusehen sind, haben doch nichtsdestoweniger ihren Ursprung in defekter Organisation, so dafs deren unglückliche Träger nicht immer voll zurechnungsfähig, und daher auch nicht immer ganz und voll für ihre Missetat strafbar sind.

3. Die sittlich Blödsinnigen.

281. Personen dieser Art lassen gemeinhin keine Verminderung ihrer intellektuellen Fähigkeiten wahrnehmen, sie scheinen im Vollbesitz folgerichtigen Denkens und der Einsicht in die Folgen ihrer Handlungen zu sein; nur auf dem Gebiete sittlichen Fühlens und Handelns sind sie pervers beschaffen.

297. Alle Beobachter stimmen darin überein, dafs die Moral insanity Personen betrifft, welche hereditär sehr schwer belastet sind, in deren Aszendenz sich viele degenerative Momente finden, wie Trunksucht, Epilepsie, Geistesstörung, Nervosität usw., und die selbst mit vielen Zeichen degenerativer Entwicklung behaftet sind.

299. Von seiten der Psychiater wird darauf hingewiesen, dafs die gröfste Mehrzahl dieser sittlich Blödsinnigen sich hauptsächlich, da ihre Krankheit nicht erkannt wird, und sie wegen Vergehen bestraft werden, in den Straf- und Besserungsanstalten befinden, oder sich auf der Landstrafse herumtreiben.

4. Epilepsie.

Die an schweren Formen der Epilepsie leidenden Verbrecher kommen in die Irrenanstalt, die mit leichter Epilepsie behafteten in die Gefängnisse.

Jolly, Über geminderte Zurechnungsfähigkeit. Z. Ps. **44**, 461—478.

Es gibt zahlreiche Fälle, in denen Geisteskrankheit im gewöhnlichen Sinne nicht vorliegt, in welchen aber doch gewisse abnorme Vorgänge im Geistesleben, gewisse Unvollkommenheiten und Einseitigkeiten, gewisse krankhafte Schwächen und Erregungen nachweisbar sind, — Fälle also, in welchen ein geringer Grad von krankhafter Störung der Geistestätigkeit besteht.

Es kommen vor allem die Zustände angeborener und erworbener geistiger Beschränktheit in Betracht, Zustände leichter Imbecillität, welche die Berufsfähigkeit und Dispositionsfähigkeit noch nicht aufheben, welche aber eine Inferiorität im Kampfe ums Dasein begründen und welche, indem sie hierdurch den Anreiz zu Verbrechen erhöhen, gleichzeitig die Widerstandsfähigkeit gegen diesen Anreiz herabsetzen. Zweitens sind zu nennen die Zustände krankhafter Erregbarkeit, die ebenfalls entweder angeboren oder durch

Krankheit und sonstige Einflüsse erworben sein können und durch welche auch wieder — wenn auch meist nach anderen Richtungen — der Impuls zu Verbrechen erhöht und die Möglichkeit der Hemmung vermindert wird. Hier sind insbesondere die Fälle zu nennen, in welchen durch Neurosen, ferner durch Kopfverletzung, sodann durch Alkoholismus oder andere Vergiftungen die abnorme Funktionierung des Nervensystems herbeigeführt worden ist.

Wille, Zur Frage der geminderten Zurechnungsfähigkeit. Z. Schw. Str. **3,** 1 ff.

In Frage kommen vor allem die sog. „zweifelhaften Geisteszustände". Zu diesen gehören:

1. gewisse Altersperioden, im Alter zweifelhafter Zurechnungsfähigkeit und im Greisenalter;
2. gewisse physiologische Geschlechtsperioden beim Weibe (Menses, Schwangerschaft, Geburt, Abänderung);
3. Zustände des Schwachsinns; Taubstummheit;
4. gewisse Nervenkrankheiten (Hysterie, Hypochondrie, Epilepsie, Somnambulismus, Hypnotismus;
5. Zustände des Alkoholismus, Morphinismus, Traumatismus;
6. erbliche Belastung, früher erlittene Geisteskrankheit.

Meyer von Schauensee. Strafzumessung und Strafmilderung nach dem Vorentwurfe zu einem Schweizerischen Strafgesetzbuch Z. Schw. Str. **7,** 129 ff.

Der Entwurf soll zur Vervollständigung noch folgende Milderungsgründe aufnehmen:

1. Die sog. verminderte Zurechnungsfähigkeit. Denn die Zurechnung erscheint nicht als eine schlechthin unheilbare, sondern eine sich stufenweise entwickelnde und ausbreitende Potenz. Aufgabe der Ärzte ist die Klarlegung der abnormen Zustände und Vorgänge im Denkorgan und so die Beurteilung des subjektiven Tatbestandes und des Einflusses jener Momente auf die Schuldfrage zu ermöglichen;
2. Verstandesschwäche, Taubstummheit und Kretinismus, insoweit sie nicht die Strafbarkeit überhaupt ausschliefsen. Die Vermutung soll hier gegen das Vorliegen der Zurechnungsfähigkeit gehen. Ein Arzt ist immer zuzuziehen;
3. . . . .
4. Affekt;
5. Trunkenheit.

Mittermaier, W., Neuere Richtungen im Strafenwesen. Z. Schw. Str. **14,** 141 ff.

Eine psychologische Einteilung der Verbrecher läfst sich nach Ausscheidung der Geisteskranken und Jugendlichen dahin feststellen:

1. die normal Veranlagten;

2. die Hartnäckigbösen, Trotzigen, die sich der Rechtsordnung nicht fügen wollen;
   a) die sozial Verbitterten;
   b) die mit geistigen Defekten Behafteten, Epileptiker, Alkoholiker, infolge schlechter Ernährung oder Krankheit vielfach intellektuell hochentwickelt, aber moralisch verkommen;
3. die Willensschwachen. Hierher gehören die Greise. Sie alle sind anthropologisch abnorm, schlecht veranlagt, geistig minderwertig oder durch schlechte Erziehung, durch Krankheit oder sonstwie schwach geworden.

Lenz, Die geisteskranken Verbrecher im Strafverfahren und Strafvollzuge. Bl. Gef. K. **34**, 361 ff.

Besonders bei den folgenden Zuständen ist man verminderte Zurechnungsfähigkeit anzunehmen genötigt. (Vgl. dazu Schweizer Entw., Art. 12.)

1. Gewisse Altersperioden, wie die der zweifelhaften Zurechnungsfähigkeit (Jugend) und Greisenalter.

2. Gewisse physiologische Geschlechtsperioden beim Weibe (Menses, Schwangerschaft, Geburt und Abänderung.)

3. Zustände des Schwachsinns und der Taubstummheit.

4. Gewisse Nervenkrankheiten, wie Hysterie, Hypochondrie, Epilepsie, Somnambulismus, Hypnotismus;

5. Zustände des Alkoholismus, Morphinismus und Traumatismus.

6. Zustände erblicher Belastung nach einer früheren überstandenen Geisteskrankheit.

Der Fachmann soll als Auskunftsperson, nicht als Gehilfe des Richters, soweit als die menschliche Erkenntnis derzeit reicht, einen solchen Einblick in das Seelenleben des Verbrechers geben, dafs die Einwirkung der Geisteskrankheit auf das Tun sich als wahrscheinlich oder möglich darstellt. Besonders schwierig ist die Entscheidung bei den Formen der mangelhaften geistigen Entwickelung und der Degenerationsformen, insbesondere den Intoxationszuständen. Denn bei einzelnen Formen der geistigen Störung gibt es lange Zwischenräume, in welchen die psychischen Fähigkeiten, wenn auch in geringerem Grade, vorhanden sind. In solchen Fällen ist eine verminderte Zurechnungsfähigkeit anzunehmen, wenn nicht das völlig normale Funktionieren der Geisteskräfte festgestellt werden kann.

Hier sind jene Grade der geistigen Potenzen gegeben, welche unter dem Durchschnittsmafs liegen, jene Stufenleiter des immer mehr abnehmenden Unterscheidungsvermögens, der immer schwächer werdenden Willensenergie, die bei der Unzurechnungsfähigkeit endet. Solche Zustände charakterisieren sich dadurch, dafs die Erkenntnisfähigkeit mehr oder minder verringert, die Widerstandskraft gegen die verbrecherischen Motive mehr oder minder abgeschwächt ist. Festzuhalten ist aber daran, dafs auch bei der verminderten Zurechnungsfähigkeit noch Zurechnungsfähigkeit vorliegt, da ein Minimum von Unterscheidungsvermögen und Selbstbestimmungsfähigkeit noch vorhanden sein mufs. Nur hätte es einer besonderen Anspannung der Intelligenz und einer besonderen Willenskraft bedurft, um den verbrecherischen Charakter der Tat zu erkennen oder den verbrecherischen Antrieben zu widerstehen. Ebenso ist bei den vermindert Zurechnungsfähigen daran festzuhalten, dafs eine derartig geschwächte geistige Potenz nicht blofs durch Gehirnerkrankungen entstanden, sondern bei weitem häufiger durch mangelhafte Erziehung, gänzliche Verwahrlosung, schlechtes Beispiel und wiederholten Rückfall in das Verbrechen erzeugt sein kann. Doch würde es das allgemeine Rechtsbewufstsein verletzen, wenn man die durch wiederholte Rückfälle in die Bahn des Verbrechens gesteigerte Schuld plötzlich zur Krankheit und zum Privilegium werden liefse.

Die Gründe der geschilderten Zustände verminderter Zurechnungsfähigkeit können physiologische oder pathologische sein.

Pelman, Die verminderte Zurechnungsfähigkeit. 8 ff.

Im Allgemeinen wird es sich zumeist um unfertige Krankheits- und Übergangszustände handeln, um gewisse abnorme Vorgänge im Geistesleben, gewisse Unvollkommenheiten und Einseitigkeiten, krankhafte Schwächen und Erregungen, kurzum Individuen, die man unter der Bezeichnung der Entarteten oder Minderwertigen zusammenfafst.

Diesen Zuständen gegenüber, in denen dauernd ein geringerer Grad von krankhafter Störung der Geistestätigkeit besteht, kommen alsdann andere nicht andauernde, sondern mehr anfallsweise auftretende Störungen in Betracht, so u. a. das interparoxysmale Stadium bei der Epilepsie und Hysterie, die geistigen Störungen der Alkoholiker und Morphinisten, nach Hitze und Überanstrengung u. a. m.

Die erbliche Entartung ist ein fafsbares Krankheitsbild mit bestimmten Symptomen, wo sich die abnorme Richtung der gesamten Entwicklung von Jugend an nachweisen läfst.

Zu den schlimmsten Entarteten zählen die moralisch Defekten.

Die geschlechtlich Perversen. Der sexuell Perverse ist kein Geisteskranker. Eher wird der Verdacht der Geistesstörung bei den Exhibitionisten aufzuweisen sein.

Ein grofses Gebiet für die verminderte Zurechnungsfähigkeit ist die Epilepsie.

Die Hysterie. Erblich Entartete neigen sehr zur Hysterie. Der Schwachsinn ist für die Strafrechtspflege von einer besonderen sozialen Wichtigkeit.

Weygandt, Atlas und Grundrifs der Psychiatrie. München 1902.
156. Grenzfälle (Zwischenzustände zwischen geistiger Gesundheit und Krankheit) kommen in Betracht bei Alkoholisten, bei Hysterischen, bei Epileptikern in der Zwischenzeit, bei Neurasthenikern und Kranken mit Zwangszuständen, bei Psychopathen und Degenerierten, bei manchen Imbecillen leichteren Grades, bei sexuell Perversen, Exhibitionisten usw.

Aschaffenburg, Die verminderte Zurechnungsfähigkeit (Vortrag auf der 24. Wandervers. der südwestdeutschen Neurologen und Irrenärzte in Baden-Baden 1899). Neur. Cbl. **18,** 667 (vgl. Ps. W. **1,** 92).

Die unzulängliche geistige Veranlagung bei Schwachsinnigen, die bestehenden Abweichungen von der Norm bei Psychopathen, durch Alkohol und Morphiummifsbrauch Geschwächten, den Neurasthenischen und Hysterikern, die bestehende schwere Hirnerkrankung bei Epileptischen aufserhalb ihrer Anfälle sind Zustände, welche nicht ohne Einflufs auf das Zustandekommen von Straftaten bleiben können. Die freie Willensbestimmung wird hierdurch beeinträchtigt. Diese Beeinflussung bezeichnet man als verminderte Zurechnungsfähigkeit.

Aschaffenburg, bei **Hoche** Handbuch 34.

Die gröfsten Schwierigkeiten bieten die psychopathischen Zustände: Krankhaft Veranlagte, Exzentrische, sexuell Perverse, an Zwangsvorstellungen Leidende, Schwachsinnige, Degenerierte und Minderwertige, die Hysterischen und Epileptischen, die neurasthenisch Reizbaren. Hierzu kommen noch die Fälle, in denen das Nervensystem infolge von Neurosen, Kopfverletzungen. Vergiftungen durch Alkohol, Morphium und dergl. abnorm ist.

Darüber, welche Zustände für die Annahme einer verminderten Zurechnungsfähigkeit in Betracht kommen, entscheidet allein die klinische Erfahrung.

Wollenberg, Die Grenzen der strafrechtlichen Zurechnungsfähigkeit bei psychischen Krankheitszuständen. Z, Ps. **56.**

623. 1. Mäfsig Schwachsinnige.

624. 2. Epileptiker. Dämmerzustände, in denen das Bewufstsein nicht aufgehoben, sondern nur in verschiedenen Graden vermindert ist. Bei bestehender Epilepsie ist immer die Befürwortung einer milderen Beurteilung angezeigt.

625. 3. Hysterie. Auch bei den Bewufstseinsstörungen der Hysterischen ist von einer Aufhebung des Bewufstseins keine Rede, sondern nur von einer traumartigen Veränderung, über deren Art wir nichts näheres wissen.

626. Bei solchen Hysterischen, die überhaupt zeitweise an ausgesprochenen psychischen Störungen leiden, auch wenn eine solche zur Zeit der strafbaren Handlung nicht nachweisbar ist,

ist die Zurechnungsfähigkeit immer als zweifelhaft zu betrachten. Das, was man als hysterischen Charakter bezeichnet, beruht gerade in den Zügen, die besonders leicht zum Verbrechen führen, nicht auf der Hysterie, sondern auf der allgemeinen psychopathischen Degeneration.

Wollenberg, Die forensische Bedeutung der Krampfkranken, insbesondere der Hysterischen. Münch. Med. W. 1898.

1603. Auch bei Hysterischen, welche zur Zeit der strafbaren Handlung noch keine manifesten Krankheitszeichen darboten, mufs man vorsichtig sein. Man mufs dessen eingedenk sein, dafs die der hysterischen Anlage zu Grunde liegenden Anomalien eine bei vielen Hysterischen dauernd vorhandene Quelle strafbarer Handlungen (falsche Anschuldigung, Falscheid, Ladendiebstähle) sein können und in jedem Fall beachtet und gesucht werden müssen.

Kirn, Über geminderte Zurechnungsfähigkeit. V. J. S. ger. Med. 3. Folge **16,** 282. (vgl. unten S. 59.)

Die hierher gehörenden Zustände lassen sich zusammenfassen als Zustände mäfsiger quantitativer geistiger Abschwächung oder leichter qualitativer Änderung, als psychisch abnorme Zustände, welche sich nicht oder noch nicht zur vollen Krankheit entwickelt haben. Sie sind teils angeboren, teils erworben.

Bei angeborenen Zuständen kommen zunächst diejenigen angeborenen Schwachsinns in Betracht, die sich bald mehr auf intellektuellem, bald mehr auf moralischem Gebiete, bald auf beiden gleichzeitig abspielen. Die milderen Grade von intellektuellem Schwachsinn sind oft schwer richtig zu würdigen und noch schwerer dem Richter klarzulegen. Die Betroffenen vermögen sich in einfachen Lebensverhältnissen zurechtzufinden. Wenn sie aber mit ihrer geistigen Schwäche in Lagen kommen, die geeignet sind, sie aufzuregen, so kommen sie leicht aufser Fassung und verlieren die Selbstbeherrschung; sie geraten in Affekte und Angstzustände, die ihre Widerstandsfähigkeit herabsetzen. Sie werden dann zu Handlungen angetrieben, die sie zwar als unerlaubt erkennen, aber nur schwer zu unterdrücken imstande sind, z. B. zu Rachehandlungen.

Hieran reihen sich die leichteren Grade angeborenen moralischen Schwachsinns. Die Betroffenen sind nicht voll verantwortlich, weil sie ethisch verkümmert sind. Brutale Körperverletzungen, Unzucht und Notzucht entkeimen leicht diesem Boden, wenn die Neigung zu Affekten und das Triebleben gesteigert sind.

Bei erworbenen Zuständen kommen in erster Linie die habituellen Folgezustände gewisser funktioneller Nervenkrankheiten, namentlich der Epilepsie, Hysterie, unter Umständen auch der Neurasthenie in Betracht, ferner leichtere Grade der traumatischen

Neurose, des chronischen Alkoholismus und Morphinismus, sowie anderer Intoxikationen, die beginnende Senescenz, bei der Frau Schwangerschaft und Puerperium, endlich die noch unbestimmbaren Anfangszustände vieler sich langsam entwickelnder Seelenstörungen.

Beim Alkoholiker kommt es zur Arbeitsscheu, zur Vernachlässigung des Berufes, zur Mifshandlung der Familie. Die Alkoholiker begehen infolge ihrer Gedächtnisschwäche leicht Betrug, Unterschlagung und Meineid, infolge ihrer Gemütsreizbarkeit Auflehnung gegen die Behörde, Schmähungen und Körperverletzungen, selbst Totschlag von Angehörigen und Fremden.

Cramer, Die Behandlung der Grenzzustände in foro nebst einigen Bemerkungen über geminderte Zurechnungsfähigkeit. Berl. klin. W. 1900, 1053 ff., 1096 ff. (Vgl. Ps. W. 2, 362.)

1053. Die Zustände sind die, welche auf pathologischer Grundlage temporär und vorübergehend auftreten, ohne dafs gewöhnlich eine krankhafte Störung der Geistestätigkeit im Sinne des § 51 bei den betreffenden Individuen sich nachweisen läfst.

Die pathologische Grundlage kann sehr verschiedener Natur sein. Vorzugsweise handelt es sich um Fälle, bei denen eine epileptische, eine hysterische, eine traumatische oder eine neurasthenische Basis vorhanden ist, oder bei denen ein leichter Grad von angeborenem Schwachsinn die krankhafte Grundlage abgibt. Weiter kommen in Betracht die senilen Zustände und der chronische Alkoholismus.

Die besonderen Momente, welche zur Zeit der Begehung der Tat derartig prädisponierte und pathologisch veranlagte Individuen zu einem Konflikt mit dem Strafgesetzbuch treiben, oder wenigstens ihr Tun beeinflussen, sind verschiedene: Ein starker Affekt, die Vergiftung mit Alkohol, sexuelle Erregung, bei Weibern die Menstruation, die Schwangerschaft und das Klimakterium.

Wenn ein Epileptiker unter dem Einflufs des Alkohols oder eines Affektes oder unter dem Einflufs beider ein Verbrechen begeht, so ist zum mindesten nicht ausgeschlossen, dafs bei dem Zustandekommen der strafbaren Handlung krankhafte Momente eine dominierende Rolle gespielt haben.

Bei Hysterischen kann man drei Grade aufstellen; es gibt Menschen mit den körperlichen Stigmata der Hysterie, ferner Personen, welche man schlechtweg als Hysterische bezeichnen kann, (hysterische Stigmata sowohl auf körperlichem als auf seelischem Gebiete) und Menschen, welche direkt an einer hysterischen Seelenstörung leiden. In Betracht kommen die ersten beiden Gruppen. Unter den krankhaften Beeinflussungen kommen wieder in Betracht, Affekt, Alkohol, sexuelle Erregung, Menses, Schwangerschaft, Klimakterium. Jeder dieser Umstände für sich allein, aber auch bei einer Konkurrenz mehrerer untereinander kann für den Moment der Einwirkung die Krankheit so beeinflussen, dafs diejenigen der 1. Gruppe mindestens in dem Grade krank sind, wie die der 2. Gruppe und dafs die Kranken der 2. Gruppe eine derartige Steigerung ihres pathologischen Zustandes erfahren, dafs sie als krank im Sinne § 51 St.G.B. betrachtet werden können.

Weingart, Z. Ps. **56,** 462 ff.

Es gibt zahlreiche Fälle, in denen die Fähigkeit, den Willen frei zu bestimmen, nicht ausgeschlossen, aber gehemmt ist, so z. B. bei der Trübung des Bewufstseins. Dies kann getrübt werden durch Trunkenheit oder leichten Schwachsinn, Vergiftung durch Alkohol, Morphium usw. Solche Personen bezeichnet man als vermindert zurechnungsfähig. Neuerdings macht sich eine Bewegung geltend, die für derartige Personen statt einer milderen Strafe eine andere Behandlung eintreten lassen möchte. In der Tat erscheint es unzweckmäfsig, die Strafe niedriger festzusetzen, ohne feste Grenzen zu ziehen. Recht wohl lassen sich die vermindert Zurechnungsfähigen mit den Jugendlichen auf eine Stufe stellen.

Strassmann, Lehrbuch der gerichtlichen Medizin, Stuttgart 1895.

590. Der Feststellung der Zurechnungsfähigkeit machen besondere Schwierigkeiten die Grenzfälle. Diese Grenzzustände sind zunächst gewisse stationäre Anomalien, auf Grund degenerativer Veranlagung entstandene originäre Abweichungen von dem normalen Verhalten, in Form quantitativer und qualitativer Unterschiede: intellektuelle Schwäche, geistige Verkehrtheiten. Ferner Geistesstörungen, die auf Grund allgemeiner Neurosen oder chronischer Vergiftungen entstanden sind. (Epileptiker, Alkoholisten). Für diese Grenzfälle erscheint die Annahme der verminderten Zurechnungsfähigkeit wünschenswert.

Mendel, Die Zurechnungsfähigkeit bei Kutner, Gerichtliche Medizin, Jena 1903.

171. Es führt uns die psychologische Analyse gewisser strafbarer Handlungen mit mangelnder Überlegung auf jene Grenzzustände zwischen geistiger Gesundheit und Geisteskrankheit, bei welchen eine plötzlich durch äufsere oder innere Einflüsse hervorgebrachte Änderung der Gemütslage, ein krankhafter Affekt, eine vorübergehende Verrückung des inneren Gleichgewichts, eine Störung im Ablauf der Vorstellungen, eine manische Erregung nach sich zieht.

Die Handlung, welche sich dann ebenso plötzlich entwickelt, steht oft in vollem Widerspruch zu dem Charakter des Täters, die Schwere des Verbrechens steht in gar keinem Verhältnis zu der Unbedeutendheit des Motives.

Für diese Arten von Taten bringen besonders „Hereditarier“

ein ziemlich grofses Material. Hervorgebracht werden sie auch durch abnorme Zustände, welche sich nach Traumen, als Residuen einer schweren körperlichen Erkrankung, eines apoplektischen Insults entwickeln, oder unter den Formen eines chronischen Alkoholismus oder Morphinismus auftreten.

Ohne Hallucinationen oder Wahnvorstellungen, ohne wesentliche Schwächung sittlicher Begriffe zeigen diese Personen in der Regel eine gewisse Schwäche des Urteils der Überlegung, welche nicht als Zeichen einer ausgesprochenen Geisteskrankheit verwertet werden kann, welche aber doch bei der Abschätzung der Zurechenbarkeit der auf jenem Boden entstehenden Handlungen eine mildere Beurteiluug in Bezug auf die Strafbarkeit verlangt.

Zuweilen sind die erwähnten Zeichen auch Stigmata einer sich entwickelnden Geisteskrankheit. Verurteilt, werden dann die betreffenden Personen während der Strafhaft und unter den körperlichen und geistigen Schädigungen, welche dieselbe mit sich führt, öfter tatsächlich ausgesprochen geisteskrank.

v. Schrenck-Notzing, Die Frage nach der verminderten Zurechnungsfähigkeit. Arch. krim. Anthr. 8, 71 ff.

Grofse Schwierigkeiten bietet die Beurteilung der leichten Schwachsinnsformen. Vielfach ist es schwer zu entscheiden, was auf Rechnung der endogenen Veranlagung, was auf diejenige der Verwahrlosung zu setzen ist, und das besonders bei den mäfsig Schwachsinnigen der untersten Schichten, die sich vielfach in den Gefängnissen als undisziplinierte Gewohnheitsverbrecher finden.

Bei Epileptikern findet man mitunter wohlgeordnete, anscheinend besonnene Handlungen. Auch besteht durchaus nicht immer Erinnerungslosigkeit, sondern es kommen alle Abstufungen des Erinnerungsvermögens vor. Bei Epilepsie ist unter allen Umständen eine mildere Beurteilung angezeigt.

Bei den Bewufstseinsstörungen der Epileptiker handelt es sich vielfach um eine krankhafte Veränderung des Bewufstseins.

Die besonderen Momente, welche zur Zeit der Begehung der Tat erblich prädisponierte oder pathologisch veranlagte Individuen zu einem Konflikt mit dem Strafgesetzbuch treiben, sind hauptsächlich: Starke Affekte, Vergiftung mit Alkohol, sexuelle Erregung, Menstruation, Schwangerschaft und Klimakterium. Besonders gefährlich ist die Alkoholwirkung für epileptische, zu Gewalttätigkeiten geneigte Charaktere, während die Vorgänge des Geschlechtslebens hauptsächlich bei hysterisch angelegten Personen transitorische Bewufstseinsstörungen hervorzurufen im stande sind.

Seuffert, Ein neues Strafgesetzbuch für Deutschland, München 1902.

39 ff. Unter den Begriff der geminderten Zurechnungsfähigkeit fallen verschiedenartige Geistes- oder Seelen-Beschaffenheiten. Einmal dauernde, insbesondere auf erblicher Belastung beruhende Zustände

seelischer Minderwertigkeit, namentlich die heutzutage so verbreiteten epileptischen Krankheitsformen. Dann gehören hierzu die in Folge von Überarbeitung, von wirtschaftlichen Sorgen oder aus anderen Ursachen kommenden neurasthenischen Zustände. Zu den gemindert Zurechnungsfähigen rechnet man aber auch diejenigen, die zu viel Bier, Champagner oder Schnaps getrunken und in der Bezechtheit einen Totschlag begangen oder eine Notzucht verübt haben.

Merkel, Lehrbuch des deutschen Strafrechts. 1889,

54. Das Erfordernis der Zurechnungsfähigkeit bezeichnet ein Minimum in Bezug auf den Besitz jener Eigenschaften, das Minimum, von welchem die rechtliche Verantwortlichkeit für unsere Taten abhängt. Diejenigen, bei welchen das Minimum vorliegt, lassen sich in zwei, allerdings nicht scharf abgrenzbare Gruppen scheiden, in diejenigen nämlich, deren geistige Fähigkeiten und Zustände das normale menschliche Mafs erreichen, und diejenigen, bei welchen jene unterhalb dieses Mafses stehen. Zu der letzteren Gruppe, bei welcher eine mildere und vielfach eine anders geartete Behandlung wie bei der ersteren als angemessen erscheint, gehören jugendliche Individuen, welche zwar die Stufe der Zurechnungsfähigkeit erreicht haben, deren Charakter aber noch als unfertig erscheint. Ferner verschiedene Klassen von Personen, welche im geltenden Rechte eine speziellere Berücksichtigung, mit Unrecht, nicht gefunden haben, vor allem die dauernd Geistesschwachen, bei welchen gleichwohl jenes geistige Minimum gegeben ist, sowie diejenigen, bei welchen irgend welche krankhaften Abnormitäten oder Störungen der geistigen Funktionen vorliegen, ohne dafs hierdurch die Zurechnungsfähigkeit als völlig ausgeschlossen erschiene.

v. Krafft-Ebing, Neuere Forschungen und Erfahrungen auf dem Gebiete der gerichtlichen Psychopathologie seit 1870. In v. Holtzendorffs Handbuch des deutschen Strafrechtes. 1871.

4. 130. Epileptische Dämmerzustände sind von der gröfsten forensischen Bedeutung insofern der Kranke scheinbar ganz lucid ist, mit der Aufsenwelt in Verkehr steht und komplizierte Handlungen vollbringt, ohne sich derselben bewufst gewesen zu sein. Solche Dämmerzustände gehen unmerklich aus völliger Geistesklarheit hervor und wieder in solche über. Sie können Minuten bis Wochen andauern.

Die Zurechnungsfähigkeit im transitorischen und chronischen Irresein ist ausgeschlossen, bei Hysterie mit blofs elementaren Störungen mufs die schwere Nervenkrankheit als mildernder Umstand anerkannt werden.

Kirn. Z. Ps. **45.** 85.

Viele Epileptiker sind entschieden nicht vollkommen zurechnungsfähig und deshalb milder zu beurteilen. Es bietet die Beurteilung psychischer Schwächezustände in der forensischen Praxis grofse Schwierigkeiten. Vom psychiatrischen Standpunkt aus wäre daher die Wiedereinführung der verminderten Zurechnungsfähigkeit wohl angetan.

Skrzeczka, Die Geisteskrankheiten im Verhältnis zur Zurechnungslehre. In v. Holtzendorffs Handbuch des deutschen Strafrechts. 1871.

2. 250. Mitunter wird der epileptische Anfall eingeleitet oder gefolgt von einem maniakalischen Zustande. Der Kranke ist von qualvoll beängstigenden Wahnvorstellungen befangen, durch Sinnestäuschungen verwirrt und aufs äufserste erregt. Dieser Gemütszustand kann zu Zerstörung der den Kranken umgebenden Gegenstände und zu wütenden Angriffen auf Personen Veranlassung geben. Aufser den tobsüchtigen Anfällen kommen bei Epileptikern auch noch andere weniger auffällige, aber grade deshalb in forensischer Beziehung desto wichtigere Zustände vor. Während derselben ist das Bewufstsein völlig aufgehoben oder in hohem Grade verwirrt, ohne dafs das Benehmen des Kranken so auffällig wäre, dafs man es ihm sofort anmerken müfste, in welchem Zustande er sich befindet. Die allgemeinen Kriterien der Unfreiheit der Handlung lassen bei Beurteilung in solchem Zustande ausgeführter Handlungen wie sonst oft im Stich. Selbstverständlich ist es, dafs nicht jede verbrecherische Tat eines Epileptikers als in unfreiem Zustande begangen von vornherein angesehen werden darf, jedoch wird der blofse Nachweis vorhandener Epilepsie zur Vorsicht bei der Beurteilung auffordern.

Kowalewsky, De l'épilepsie au point de vue clinique et médioolégal. Ann. Med. Psych. 8. Reihe; 7, 415—433.

Was die Epileptischen betrifft, so ist ihre Zurechnungsfähigkeit vermindert in den Fällen, wo die Verwirrung der Geistesfähigkeiten nur eine vorübergehende ist. Dieses kann während der Perioden vorkommen, welche dem Anfall vorangehen oder folgen, oder während der Umbildung vom gesunden zum epileptischen Zustande.

Aschaffenburg, Arch. Ps. 1895, 955. Über gewisse Formen der Epilepsie.

Unter den vom Verfasser beobachteten Fällen bei 44 Männern sind 22 gleich 50 pCt. mit dem Strafgesetzbuch in Konflikt gekommen. — Es mufs den Epileptikern nicht nur für die Zustände des pathologischen Rausches, sondern auch für die durch die Reizbarkeit während der Anfälle veranlafsten Gewalttätigkeiten und sonstigen Vergehen der § 51 St.G.B. zugebilligt werden, da es sich um zweifellos krankhafte Störungen der Geistestätigkeit handelt.

Ilberg, Die strafrechtliche Bedeutung der Epilepsie. Z. ges. Str. 21, 440 ff.

Bei den Epileptikern finden sich sog. Dämmerzustände. Grade die leichten Dämmerungszustände haben die allergröfste strafrechtliche Bedeutung, weil die Kranken hier sich wenig auffallend benehmen, weil sie äufserlich geordnet und scheinbar planvoll handeln. Die verschiedensten Diebstähle werden in schweren und leichten Dämmerungszuständen ausgeführt; Soldaten verweigern den Gehorsam oder desertieren; Dienstmädchen laufen aus dem Dienste. Manche Kranke verüben Diebstähle, zuweilen in kleptomanischer Weise, zünden Häuser an, begehen Sittlichkeitsverbrechen scheufslichster Art. Oft entbehrt ein Angriff auf eine Person ganz des sexuellen Momentes; er ist vielmehr durch Angst motiviert oder in keinerlei Affektzustand ausgeführt. Oberflächlich erscheinen die Kranken gesund, höchstens sehr zerstreut oder leicht angetrunken. Der Bewufstseinsinhalt ist aber meist total verändert, der Kranke wird willenlos zu verbrecherischen Unternehmungen getrieben.

Manche Epileptiker sind derart degeneriert, dafs sie moralisch defekt sind; bei den Zuhältern und Dirnen findet man nach Binswanger oft Epilepsie. Ethisch defekte Epileptiker neigen zu allen möglichen Verbrechen uud sind dem Nichtstun und der Vagabondage ergeben.

Häufig werden Epileptiker wegen Diebstahls, Brandstiftung, Totschlag, Gewalttätigkeiten, Meineid, Notzucht, Exhibitionismus, Päderastie abgeurteilt. Am schwierigsten ist die Beurteilung ethisch minderwertiger aber nicht schwachsinniger Verbrecher, bei denen sich ein Zusammenhang zwischen der bei ihnen sicher konstatierten Epilepsie und dem eventuell raffiniert ausgeführten Delikte nicht feststellen läfst. In jedem Falle wird Epilepsie als Milderungsgrund zu betrachten sein.

Fürstner, Arch. Ps. **31,** 627. Die Zurechnungsfähigkeit der Hysterischen.

Nach der Erfahrung des Verfassers wird bei den Epileptikern weit häufiger, als bei den Hysterischen der Nachweis gelingen, dafs die Bedingungen des § 51 erfüllt sind. Grade die Träger der Hysterie illustrieren in der Praxis besonders häufig, wie wenig die Bestimmungen des St.G.B. mit ihrem aut-aut dem wirklichen Sachverhalt entsprechen, grade bei ihnen wird der Sachverständige sich oftmals darauf beschränken müssen, den Richter darüber aufzuklären, dafs erfahrungsgemäfs bei derartigen Personen gewisse krankhafte, psychische Erscheinungen das Handeln beeinflussen und etwaige Delikte im milderen Lichte erscheinen lassen. In vielen derartigen Fällen wird das Gutachten die Symptome namhaft zu machen haben, welche die Annahme einer verminderten Zurechnungsfähigkeit rechtfertigen. — Andererseits wird grade bei dieser Kategorie von Kranken, besonders so weit es sich um jugendliche Individuen handelt, auch eine Modifikation des Strafvollzuges zu erwägen sein.

Pollitz, Z. med. B. **11,** 627 ff.

Der Begriff der verminderten Zurechnungsfähigkeit kommt nur für gewisse psychopathische oder mäfsig schwachsinnige Elemente in

Frage, die besonders häufig Gegenstand der gerichtsärztlichen Begutachtung werden. Nicht selten handelt es sich um Personen besserer Herkunft, die noch nicht vorbestraft, durch irgend eine wunderliche Handlung, durch sexuelle Delikte usw. in erster Linie dem Richter als pathologisch imponieren. Die gesetzlichen Bestimmungen genügen.

Fürstner, Ärztl. Sachv. Z. **4,** 404.

Grade bei der Hysterie sind die Fälle der verminderten Zurechnungsfähigkeit häufig.

Leppmann. Ebenda.

Unter den vielen Gelegenheitsdiebinnen finden sich zahlreiche Personen mit hysterischen Erscheinungen, die man als vermindert zurechnungsfähig bezeichnen mufs. Hier genügt eine Milderung der an sich kleinen Strafe nicht, sondern hier ist am ehesten Begnadigung am Platze.

Wildermuth, Über die Zurechnungsfähigkeit der Hysterischen. R. **7,** 466 ff.

Die Hysterie als solche bedingt weder eine Störung der Intelligenz noch des sittlichen Fühlens, welche die Zurechnungsfähigkeit ausschliefst oder beeinträchtigt. Einzelne akute hysterische Anfälle psychischer und physischer Natur heben die Zurechnungsfähigkeit nur dann auf, wenn die inkriminierte Handlung nachweislich während eines solchen Unfalls oder dessen ersichtlicher Nachwirkung stattgefunden hat. Die hysterischen Dämmerzustände sind in ihrer Bedeutung für die Zurechnungsfähigkeit den epileptischen gleichzustellen.

Fürstner, Cbl. Nervheilk. **21,** 629.

In bezug auf die Hysterischen wird man sich oft darauf beschränken müssen, eine Verminderung der Zurechnungsfähigkeit zu konstatieren.

Leppmann, Cbl. Nervheilk. **21,** 630.

Angebracht wäre bei den Hysterischen weder die Annahme der verminderten Zurechnungsfähigkeit noch „mildernde Umstände“, sondern es wäre richtiger, für eine bedingte Begnadigung einzutreten. Denn grade die Hysterischen, die bei äufseren Verlockungen (Magazin-Diebstählen) leichter aus dem moralischen Gleichgewicht kommen, könnten durch die drohende Aussicht auf Ausführung der Strafe von weiteren Vergehen zurückgehalten werden.

Fürstner, Ärztl. Sachv. Z. **5.**

510. Hysterie. Die Unfähigkeit, dem Reize des Lügens zu widerstehen, eine gewisse Schwäche des Urteils und der Sittlichkeit — all das genügt nicht zum Tatbestand des § 51 St.G.B. Die in dieser Weise beanlagten Hysterischen sind nur gemindert zurechnungsfähig.

Näcke, Über Kriminalpsychologie. Z. ges Str. **17,** 85 ff.

Die immerhin beträchtlichen Quantitätsunterschiede in der persönlichen Gleichung und in der Charakterologie zwischen Verbrecher und Ehrlichen werden wesentlich geringer, wenn wir die vielen abnormen Elemente der Verbrecherwelt: die Geisteskranken, Epileptiker, Hysteriker, besonders aber die Schwachsinnigen in Abzug bringen. Namentlich auf das Konto der Schwachsinnigen kommt das meiste der Kriminalpsychologie.

Contagne, Responsabilité légale et séquestration des aliénés persécuteurs. Ann. Méd. Psych. 7. Reihe; **14,** 429—434.

Wahnsinn soll die Zurechnungsfähigkeit vermindern, aber nicht ausschliefsen; verminderte Zurechnungsfähigkeit soll für diejenigen in Betracht kommen, deren Geist erschüttert ist, welche in einem Mittelzustand zwischen Wahnsinn und Verbrechen stehen. Bei Angeklagten, welche an Verfolgungswahn leiden, wird der Arzt der Wissenschaft wie der Gesellschaft nützen, wenn er die verminderte Zurechnungsfähigkeit ausspricht.

de Boeck, La responsabilité et notamment la responsbilité partielle. Rapport au Congrès internationale de médicine légale de Bruxelles (1897). Ann. Hyg. Publ., 3. Reihe, **38,** 391—393.

Für die Ärzte ist die Zurechnungsfähigkeit nicht die mafsgebende Frage, da sie von der Geisteskraft des Beklagten abhängt. Sie kann als vermindert betrachtet werden:

1. Wenn der Arzt die anatomische Geisteskraft des Beklagten, d. h. die Anzahl seiner Neuronen nicht genau bestimmen kann.

2. Wenn der Angeklagte an einer chronischen Geisteskrankheit leidet, ohne dafs der Arzt genau bestimmen kann, ob er als gesund oder als krank betrachtet werden soll.

Benedikt, Biologie und Kriminalistik. Z. ges. Str. **7,** 481 ff.

Die Degenerierten und die Neurastheniker kann man als minderwertige Menschen bezeichnen. Sie sind diathetische Individuen, d. h. sie sind von Haus aus auf eine andere Art des psychologischen Sinns angelegt.

a) Die degenerierten Individuen stellen Subjekte dar, deren psychologisches Sein mit so tiefen angeborenen Lücken im Gebiete des Intellekts und der Empfindungssphäre, in den Impulsen und in den psychischen Hemmungen behaftet ist, dafs sie keine Widerstandskraft gegen verbrecherische Taten besitzen, sobald sie in Verhältnisse geraten, welche zu solchen Taten führen. Bei ihnen kann bei der Abnormität der Gehirn- und Schädelbildung in Zusammenhang mit ihrer Tat zweifellos von einer Zurechnung der Tat im bisherigen Sinne nicht gesprochen werden. Falsch ist es jedoch, ihnen alle Hemmungsvorstellungen — zugegeben, dafs ihnen der das Normalindividuum schützende Reichtum edler Impulse und hemmender Vorstellungen und Empfindungen fehlt — abzusprechen.

Obgleich gerade sie als „geborene Verbrecher“ zu bezeichnen sind, handeln sie doch nichts desto weniger stets „okkasionell“, d. h. bei einer besonderen Verkettung von Umständen.

Ihnen gegenüber hat es der Arzt mit „unzurechnungsfähigen Individuen“ im bisherigen psychologischen Sinne zu tun. Der Richter hat aber das richtige Gefühl, dafs eigentlich die Funktionen der Justiz für die wichtigsten Fälle lahm gelegt werden würden, wenn bei diesen, den gefährlichsten Individuen, deren Gefährlichkeit mit dem Fortschreiten der Degeneration wächst, die Freisprechung wegen Unzurechnungsfähigkeit erfolgte.

b) Die Neurastheniker bilden die Mehrzahl der professionellen Verbrecher. Es ist angeborene oder in der Kindheit erworbene Neurasthenie zu scheiden. Das hervorragendste psychologische Element dieser Gruppe bildet

1. die physische Neurasthenie (Arbeitsscheu) z. B. bei der Vagabondage. Bei solchen Individuen erzeugt die Muskelaktion baldigst ein lebhaftes Unlustgefühl;
2. die moralische Neurasthenie: Das Individuum besitzt keine Kraft, den momentanen Anreizungen zuwiderstehen und den besseren Impulsen zu folgen;
3. die ästhetische Neurasthenie. (Vernachlässigen der Schönheit in Kunst und Natur. An Stelle der Liebe treten die frivolen Genüsse des Tingeltangels und der Prostitution);
4. die intellektuelle Neurasthenie.

Die Neurastheniker sind nicht pathologisch, sondern sie unterscheiden sich von den normal angelegten Menschen durch eine andere Art des Seins (Diathese). Ihr Streben ist vollständig vernünftig und selbst gerecht; sie wollen ihren Lebensunterhalt gewinnen und das Leben geniefsen, aber auf Wegen, welche nach den natürlichen Gesetzen der Gesellschaft verpönt sind.

Bei ihnen findet man, besonders bei Gewalttätigkeitsverbrechern, Stumpfheit der Schmerzempfindungen und verminderte Vulnerabilität. Hervorzuheben ist auch der Virtuositätskitzel und die Komplottmanie.

Forel, Corresp. Bl. Schw. Ärzte **20,** 233.

Es gibt Zustände, welche uns dadurch Schwierigkeiten bereiten, dafs sie nicht mit dem Krankheitsbild einer congenitalen Geistesstörung (Idiotismus) zusammenfallen, sondern, dafs sie als Abnormitäten des Charakters auftreten. Meist handelt es sich hier um chronische Psychosen oder um die Folgen von chronischen Intoxicationen oder um organischen Gehirnkrankheiten z. B. nach trauma capitis.

Diese Charakterabnormitäten sind nur schwächere Grade der konstitutionellen Psychopathie, Formen, die v. Krafft-Ebing psychische Entartungen nennt.

So ist z. B. eine aktive Streit- und Verleumdungssucht inadäquat, desgleichen die Sucht, Phantasielügen und Schwindelgeschichten zu konstruieren, die Unfähigkeit, zwischen Lüge und Wahrheit zu unterscheiden.

Der Psychiater steht hier zwischen dem Anwalt, dem Richter und dem Metaphysiker und spielt daher eine sehr schwierige Rolle. Deshalb mufs der Begriff der verminderten Zurechnungsfähigkeit wieder in das Gesetz aufgenommen werden,

Man soll Anstalten oder Kolonien gründen für die schlimmeren Sorten der konstitutionellen Psychopathen und der Verbrechernaturen.

Delbrück, Corresp. Bl. Schw. Ärzte, **26** 303.

Das gröfste Kontingent zu den vermindert Zurechnungsfähigen stellen die moralischen Idioten, die man daher in besonderer Anstalt (nach Stoofs: „Strafabsonderungs-Häuser“ zu nennen), unterbringen mufs.

Die entstehenden Kosten müfsten dann vom Staate getragen werden, so dafs die Versorgung so gemeingefährlicher Unzurechnungsfähiger der Willkür der Heimatsgemeinde entzogen würde.

Ledig, Das moralische Irresein (moral insanity), eine Betrachtung zu § 51 des Strafgesetzbuches G.S., **51,** 45.

Das moralische Irresein ist eine Krankheit, welche nach Aufdeckung durch die Psychologie als eine Art krankhafter Störung der Geistestätigkeit zur Freisprechung aus § 51 R.St.G.B. führen wird. Dafs bis jetzt die Praxis dagegen ist, liegt an den Fehlern der biologischen Schule. Für sie beruht das Verbrechen des moralisch Irren auf dem Mangel einer freien Willensbestimmung, die sich aus einer krankhaften Störung der Geistestätigkeit nicht herleiten läfst.

Näcke, Forensisch-psychiatrische Randglossen zum Prozesse Dippold. Arch. krim. Anthr. **13,** 363 ff.

Die Deutschen sprechen sich meist gegen die moral insanity aus. Alle Fälle sogenannten Schwachsinns lassen sich in drei Hauptgruppen unterbringen.

1. Die der leicht Imbezillen,
2. die der sog. dégénerés supérieurs,
3. die der leicht periodisch Irrsinnigen.

Geistig minderwertig sind alle drei Gruppen, doch kann diese Minderwertigkeit in einigen Fällen so leicht sein, dafs die Zurechnungsfähigkeit ausgesprochen werden kann. Hier entscheidet also der Grad der Minderwertigkeit.

v. Speyr (Eidgenössisches Irrengesetz). Corresp. Bl. Schw. Ärzte **26,** 715.

Nicht nur die Geisteskranken und -schwachen fallen unter dieses Irrengesetz, sondern auch die moralisch Defekten, die Morphinisten und Alkoholisten.

Die letzteren Individuen sind nämlich vermindert zurechnungsfähig, aber nicht weniger gefährlich. Sie sind aber anders zu behandeln wie Verbrecher und zwar so, dafs sie weder mit diesen noch mit den Geisteskranken zusammengesperrt werden.

In besonderen Besserungs- oder Arbeitsanstalten müfsten sie dauernd versorgt werden.

Von den oben erwähnten (als vermindert zurechnungsfähig zu betrachtenden) Morphinisten, Alkoholisten und Moralisch-Idioten sind nur die als unter dieses Irrengesetz fallend anzusehen, welche infolge ihres Zustandes nicht imstande sind, sich selbst zu leiten oder die Rechte anderer zu wahren, das heifst, zu ihrem Wohle des Schutzes oder der Pflege bedürfen, dabei den anderen einen erheblichen Schaden oder Gefahr bereiten.

Sutherland (Edinburg). Arch. Ps. **30**, 304. L'aliénation mentale momentanée dans l'intoxication alcoholique. Attitude illogique de la loi civile (incapacité) et criminelle (responsabilité).

Verfasser hat während 17 Jahren Untersuchungen über den Alkoholismus angestellt und kommt zu dem Resultate, dafs derselbe nicht nur die Hauptursache der sozialen Mifswirtschaft ist, sondern dafs er auch einen Hauptfaktor darstellt für Geisteskrankheit, Verbrechen und Elend, und dafs dieser Faktor ein stetig wachsender ist. Um diesem Umstand abzuhelfen, verlangt Verfasser, dafs für den Alkoholisten sowohl in civiler, wie krimineller Hinsicht kein Sonderrecht existieren soll, dafs ein Alkoholist ebenso zu bestrafen sei, wenn er eine verbrecherische Handlung im Zustande der Trunkenheit ausführt, wie jeder andere Verbrecher. Die Trunkenheit an sich sollte schon als ein Verbrechen angesehen werden. Der Alkoholist sollte gesetzlich als ein Unmündiger betrachtet werden und sollte nach einem Asyl, einer Privatanstalt oder einem Arbeitshaus gebracht werden zu einer Zeit, wo gute Aussicht auf Erholung bestände.

Baer, Der Verbrecher in anthropologischer Beziehung. Leipzig 1893.

274. Zahlreicher als die unverkennbar deutlichen Fälle von Irrsinn ist bei den Verbrechern die Gruppe der geistig Defekten, deren psychische Organisation unvollkommen angelegt oder durch einen krankhaften Vorgang später lückenhaft geblieben ist. Unter den schwer Belasteten, geistig Minderwertigen und Degenerierten, welche in so reicher Anzahl sich unter den Verbrechern vorfinden, lassen sich solche in erheblicher Menge nachweisen, bei denen die Entscheidung schwer wird, ob Geistesgesundheit oder Geisteskrankheit vorliegt.

Moll, Untersuchungen über die Libido sexualis. Berlin 1898.

815. Wenn auch bei sexuellen Akten ein vollkommener Strafausschlufs selten berechtigt ist, so ist eine sexuelle Perversion doch als strafmildernd anzusehen.

v. Krafft-Ebing, Der Konträrsexuale vor dem Strafrichter. Leipzig und Wien 1894.

6. Der Konträrsexuale ist vorwiegend ein dégenéré supérieur, besitzt neben seiner fatalen sexuellen Perversion oft glänzende Gaben des Geistes.

36. Die gröfste Zahl der betreffenden Individuen sind pathologische Naturen, bei welchen die sexuelle Perversität nur eine Teilerscheinung ihres pathologischen Zustandes bildet.

Hüpeden, Bemerkungen zu v. Krafft-Ebings „Der Konträrsexuale vor dem Strafrichter". Leipzig und Wien 1894. G.S. **51**, 440 ff.

Gegründeter Widerspruch ist gegen die Ansicht Krafft-Ebings geltend zu machen, dafs die erworbene Konträrsexualität als etwas Krankhaftes zu betrachten, deshalb mit der angeborenen auf eine Stufe zu stellen ist und so für den Richter unanfechtbar sei. Dagegen handelt es sich bei den geborenen Konträrsexualen um Degenerationszustände, welche auch in andern Bezirken ihres psychischen und somatischen Lebens sich zu äufsern pflegen. Sie sind milder vom Strafrichter zu beurteilen. Jedoch handelt es sich bei den meisten psychischen Hermaphroditen nur um einen Mangel an sittlichem Gefühl, in einzelnen Fällen um krankhafte Veranlagung. Vgl. den angeführten Fall.

Kirn, Z. Ps. **39**, 216 ff.,

betrachtet in Bezug auf die Homosexuellen die leichteren Fälle als geeignet, um den Begriff der „verminderten Zurechnungsfähigkeit" anzuwenden.

Seydel, V. J. S. ger. Medizin, **5**, 280 ff.

Bei den Pervers-Sexualen ist zu beachten, dafs diese Individuen von erfahrungsgemäfs schwacher Resistenz gegen alle körperlichen und geistigen Anstrengungen, besonders aber auch gegen Alcoholica sind. Ob hierbei eine verminderte Zurechnungsfähigkeit, die vom Reichsgericht unter Umständen angenommen wird, eintreten kann, mufs nach Umständen des Falles dem Urteil der Sachverständigen und der Judikatur anheimgegeben werden.

Bleuler, Corresp. Bl. Schw. Ärzte, **32**, 571.

In einem Falle (cf. S. 570) von homosexueller Perversität, wo kein Alkoholismus konstatiert werden konnte, müfste entschieden für mildernde Umstände resp. für verminderte Zurechnungsfähigkeit plädiert werden, denn man kann an derart abnorme Menschen doch nicht denselben Mafsstab legen wie an Normale. Gerade von den sexuell Abnormen (pervers-sexualen) verlangt man bei ihren Triebfedern mehr als von den normal-sexuell Veranlagten. Das ist Unrecht. Denn man könnte logischerweise nur fordern, dafs sie niemanden verführen und kein Ärgernis erregen.

Näcke, Forensisch-psychiatrische Randglossen zum Prozefs Dippold, insbesondere über Sadismus. Arch. krim. Anthr. **13,** 350ff., 359.

Ist bei einem Sadisten der perverse Geschlechtstrieb trotz aller Belehrung, Bestrafung und Reue nicht zu unterdrücken, so wird man den Täter für vermindert zurechnungsfähig erklären müssen, eventuell, wenn weitere Störungen der Psyche nachweisbar sein sollten, für unzurechnungsfähig, sonst dagegen für zurechnungsfähig.

Dörfler, Der Geisteszustand der Gebärenden. Friedreichs Bl. f. ger. Med. **44,** 269 ff.

Der Geisteszustand einer Gebärenden stellt einen mehr oder weniger hochgradigen Erregungszustand des Gehirnes und seiner psychischen Tätigkeit dar. In den meisten Fällen ist die Zurechnungsfähigkeit entschieden erhalten: doch sind die geringsten Begünstigungsmomente, wie neuropathische Belastung, abnorm schmerzhafte Wehen, abnorme Widerstände, heimliche Geburt, vorausgegangene Gemütsdepressionen, besonders bei unehelich Gebärenden im stande, das Gleichgewicht des Geisteszustandes der Kreisenden zu stören.

Mendel, Zur Psychologie jugendlicher Verbrecher. D. J. Z. **2,** 12 ff.

Neben den unter jugendlichen Verbrechern besonders häufigen Geisteskranken (Epileptikern) findet sich eine andere Zahl jugendlicher Verbrecher, deren Denken von Jugend auf ebenfalls eine abnorme Richtung angenommen hat, wenn sie auch im Sinne des Gesetzes nicht als geisteskrank zu erachten sind. Es sind dies jene unglücklichen Menschen, welche als Krüppel mit entstellenden Krankheiten, mit erheblichen Sprachfehlern usw. geboren sind, in der Schule Gegenstand des Spotts und des Hänselns, im elterlichen Hause von Eltern und Geschwistern zurückgesetzt, wohl auch hart behandelt worden sind, und welche von Jugend auf die ganze Welt als sich feindselig gesinnt erachten und in der Verbitterung gegen diese älter werden. Beim Verdienen scheitern sie später infolge ihres körperlichen Zustandes.

Nicoladoni, Einflufs des Greisenalters auf die Kriminalität. I. K. V. 8, 154 ff.

In Betracht zu ziehen ist nur jenes Greisenalter, das nicht die Züge ausgesprochener dementia senilis, sondern nur die Züge der psychischen Altersschwäche an sich trägt.

Es gilt u. a. folgende These:

These 2: Bei allen verbrecherischen Handlungen, welche von im Greisenalter stehenden Personen begangen werden (wobei ein bestimmtes Lebensalter als Beginn des Greisenalters nicht anzunehmen ist), hat der Richter zu prüfen, ob bei dem Täter die bei normalen Menschen vorauszusetzende Urteilskraft oder die bei normalen Menschen vorauszusetzende Willensbestimmbarkeit infolge des Greisenalters aufgehoben oder gemindert oder ungeschmälert vorhanden ist.

Im ersteren Falle ist Unzurechnungsfähigkeit, im zweiten Falle verminderte Zurechnungsfähigkeit anzunehmen; im letzteren Falle hat das Greisenalter als Milderungsgrund zu gelten.

Feisenberger, Einflufs des Greisenalters auf die Kriminalität. I. K.V. 8, 190 ff.

Durch die infolge des Alters bedingte Abnahme der Geisteskräfte mindert sich allerdings die Abnahme des Verantwortlichkeitsbewufstseins. Doch ist die Einsetzung milderer Strafrahmen in ihrer Spezialität als verfehlt zu erachten. Als allgemeinen Strafmilderungsgrund das Alter aufzustellen, ist innerlich unbegründet, da auch die Geistesschwäche eines in mittlerem Alter stehenden Verbrechers der Milde wert und bedürftig ist.

III. Abschnitt.

Der Einflufs der geminderten Zurechnungsfähigkeit auf das Verbrechen.

Leppmann, Die Sachverständigentätigkeit.

84/85. Schwachsinnige stellen ein erhebliches Kontingent zu folgenden Straftaten: Bettelei, Diebstahl, Teilnahme an Betrügereien, Beleidigung, Verbrechen gegen das Leben, Brandstiftung, Sittlichkeitsvergehen.

58/61. Die Seelenstörung auf epileptischer und hysterischer resp. hystero-epileptischer Basis können Hochstapelei und Vagabondage erzeugen, ja manche Desertionen von Soldaten haben in dergleichen Zuständen ihren Ursprung.

278. Das gröfste Kontingent der Imbezillen und Idioten findet sich in den Korrektionsanstalten, wo sie wegen Bettelei und Landstreicherei im habituellen Rückfall zusammengeschart werden.

297. Die Zeichen der inferioren Entwicklung (sittlich Blödsinniger) sind aber sehr häufig die charakteristischen Merkmale der Gewohnheitsverbrecher, die eigentümlichen Zeichen des sogenannten unverbesserlichen Verbrechertums.

302. Die jugendlichen Epileptiker, die in der Schule, im Erwerbe zurückbleiben, verfallen der Vagabondage. Die Epileptischen werden rückfällige Vagabunden, Mörder und Alkoholisten.

303. Epileptiker begehen Verbrechen gegen die Person und das Eigentum: Diebstahl, Unterschlagung, Widerstand gegen die Staatsgewalt, Körperverletzung, Beleidigung, Sittlichkeitsverbrechen.

Ilberg, Über verminderte Zurechnungsfähigkeit. Grenzboten 1898. (vgl. Z. Ps. **56** 474 ff.)

191. Von den Rückfallsverbrechern gehören nicht wenige ausgesprochen zu den Personen, die an einer Störung der Geistestätig-

keit leiden, wodurch ihre freie Willensbestimmung nicht völlig aufgehoben, aber doch bedeutend beschränkt ist. Viele dieser Rückfallsverbrecher sind schwachsinnige, oder abnorm reizbare, oder sexuell perverse, oder durch erbliche Belastung entartete Personen. Viele von ihnen sind epileptische Nervenkranke, deren Krampfanfälle vielleicht selten sind oder in schwer erkennbarer Weise auftreten; viele von ihnen haben ihr Nervensystem durch Trunk zu Grunde gerichtet.

186. Psychische Anomalien können angeboren oder erst erworben sein, können sich nur vorübergehend aber auch dauernd bemerkbar machen.

Kirn, Über geminderte Zurechnungsfähigkeit. V. J. S. ger. Med. 3. Folge **16**, 273.

Die in Frage kommenden Delikte sind sehr verschiedenartig, doch scheinen die Affektverbrechen, wie Beleidigungen, Schmähungen, Körperverletzungen, ferner Sexualvergehen im allgemeinen zu überwiegen.

Kirn, Über geminderte Zurechnungsfähigkeit. V. J. S. ger. Med. 3. Folge **16**, 274 ff.,

führt folgende von ihm beobachtete Fälle auf:

I. Angeborener geistiger oder sittlicher Schwachsinn.

1. Brandstiftung.

2. Vornahme unzüchtiger Handlungen an einer Frauensperson und Notzuchtsversuch. Vorstrafen wegen widernatürlicher Unzucht.

3. Brandstiftung. Vorbestraft dreimal wegen Diebstahls, dreimal wegen Sachbeschädigung.

4. Notzucht. (Trinker.) 28 Vorstrafen.

5. Notzucht. (Sittlicher Schwachsinn.)

6. Diebstahl in wiederholtem Rückfall. Trotz Alters von 22½ Jahren 11 Vorstrafen.

7. Brandstiftung, um sich einen widerrechtlichen Vorteil zu verschaffen.

8. Bedrohung und Sachbeschädigung.

9. Mehrfache Vornahme unzüchtiger Handlungen mit einem Mädchen unter 14 Jahren. (Ausgesprochener Schwachsinn, aber vorhandenes Strafbarkeitsbewufstsein.)

10. Unzucht mit Minderjährigen. Rechtliche und moralische Begriffe fragmentarisch. Die Tat aber mit vollem Bewufstsein ausgeführt.

11. Diebstahl und Betrug. (Strafen seit dem 13. Lebensjahre.)

12. Widernatürliche Unzucht.

13. Körperverletzung mit nachfolgendem Tode.

14. Diebstahl. (Vorbestraft wegen Diebstahl und Brandstiftung.)

II. Perverser Sexualismus.

15. Widernatürliche Unzucht.

16. u. 17. Widernatürliche Unzucht und Erpressung.

18. Mehrfache Vornahme unzüchtiger Handlungen mit Personen unter 14 Jahren.

III. Psychisch-epileptische Degeneration.

19. Diebstahl. Leichte psychische Schwäche und Reizbarkeit.

20. Mehrfache schwere Körperverletzung.

21. Militärische Bestrafungen.

22. Betrug und Diebstahl im wiederholten Rückfalle.

23. Diebstahl. Schwachsinn und gemütliche Reizbarkeit.

24. Betrug im wiederholten Rückfalle.

25. Schwere Körperverletzung.

26. Fahnenflucht.

27. Betrug und Fälschung.

IV. Hysterische Neurose.

28. Betrug.

V. Chronischer Alkoholismus.

29. Diebstahl.

30. Chronischer Alkoholismus mit beginnender Querulantenstörung,

31. Beleidigung eines Beamten.

32. Körperverletzung, Beamtenbeleidigung, Störung des öffentlichen Friedens.

VI. Traumatisch erworbene Gehirnschwäche.

33. Schwerer Diebstahl.

VII. Beginnende senile Störung.

34—41. Vornahme unzüchtiger Handlungen mit Personen unter 14 Jahren.

285. Von den Epileptikern werden die den unteren Ständen angehörigen, in ihrer Erziehung vernachlässigten Kranken, weil sie keine Arbeit finden, zunächst Landstreicher und später Gewohnheitsdiebe. Die krankhaft gesteigerte Gemütsreizbarkeit führt leicht zu hochgradigen Affekten, welche zu impulsiven Entäufserungen treiben können und zwar bald zu Schmähungen, Verleumdungen, Ehrenkränkungen und Majestätsbeleidigungen, bald zu Bedrohungen, Körperverletzungen bis zum Totschlage. Fallsüchtige mit Abnahme der sittlichen Gefühle, bei gleichzeitiger Steigerung des Geschlechtstriebes, machen sich mitunter sexueller Vergehen und Verbrechen, sowie der Notzucht und Unzucht, der Päderastie und Sodomie schuldig.

Bei den Hysterischen kann krankhafte Störung mit Egoismus gepaart zu Ehrenkränkung, Verleumdung und falscher Denunziation, erhöhte Gemütsreizbarkeit zu Widerstand gegen die Staatsgewalt, zu Beleidigung, Körperverletzung u. a. m. führen, die mangelhafte Reproduktionstreue zu falschem Zeugnis, die krankhafte Lust, Aufsehen zu erregen, zu Betrügereien, abnormes Geschlechtsgefühl mit Eifersucht zu Ehescheidungsklagen oder zu falscher Bezichtigung unsittlicher Handlungen.

Die Neurasthenie kommt zwar in der Form traumatischer Neurasthenie vorwiegend in der Zivilpraxis bei Entschädigungsansprüchen zur Geltung. In krimineller Beziehung werden Neurastheniker leicht zu verbalen Injurien und Schmähungen, aber auch zu gewalttätigen Angriffen auf diejenigen, welche sie für ihre Mifserfolge verantwortlich machen, hingerissen. — Die Hemmung des Gedächtnisses des Neurasthenikers macht seine Angaben unsicher (fahrlässiger Meineid), seine moralische Energielosigkeit kann ihn leicht fremden Einflüssen zugänglich machen. (Mifsbrauch durch geriebene Verbrecher). Der mittel- und hilflose Neurastheniker wird leicht Vagabund; der peinlich verstimmte Soldat kann sich leicht der Fahnenflucht und Desertion schuldig machen.

Ähnliche Gesichtspunkte dürfen auch für die einfache Hypochondrie geltend zu machen sein.

Bonhoeffer, Ein Beitrag zur Kenntnis des grofsstädtischen Bettel- und Vagabundentums. Z. ges. Str. 21, 1 ff.

Als I. Gruppe werden die Individuen zusammengestellt, bei welchen der Beginn der Kriminalität vor das 25. Lebensjahr fällt; bei der II. Gruppe liegt der Beginn der Kriminalität hinter dem 25. Lebensjahr. In der I. Gruppe werden die noch zur Zeit der Untersuchung unter dem 25. Lebensjahr Stehenden gesondert betrachtet.

I. Bei den zur Zeit der Untersuchung unter dem 25. Lebensjahr Stehenden beträgt die Zahl derer, die nicht täglich Schnaps tranken, noch über die Hälfte, bei der zweiten Untergruppe (über 25 Jahre z. Z. der Untersuchung) sind es von 112 Untersuchten nur 12, die nicht gewohnheitsmäfsig Schnaps trinken.

Die psychiatrische Analyse hat ergeben, dafs nahezu die Hälfte an angeborenen psychischen Defektzuständen litt. 31 % waren als angeborener Schwachsinn zu rubrizieren, 16 % litten an Epilepsie und den dazu gehörigen psychischen Begleiterscheinungen.

Bei weiteren 33 % liefsen sich erworbene psychische Anomalien nachweisen. 29 % kommen auf den Alkoholismus, 4 % auf erworbene Geisteskrankheiten, insbesondere progressive Analyse; bei 20 % liefsen sich Symptome psychischer Erkrankung nicht feststellen.

Angeborener Schwachsinn und Epilepsie waren demnach unter den von Jugend auf bestehenden individuellen Faktoren die wichtigsten der Unzulänglichkeit im sozialen Wettbewerb zu Grunde liegenden Momente. Was den speziellen Charakter dieser beiden

Arten von angeborener psychischer Anomalie in Beziehung auf das kriminelle Verhalten angeht, so ergibt sich bei der Zusammenfassung beider Gruppen kein wesentlicher Unterschied mehr; insbesondere tritt eine vermehrte Neigung der Epileptiker zu Gewaltätigkeitsdelikten nicht mit der Deutlichkeit hervor, wie man wohl erwarten könnte. Es liegt dies an der Vermengung mit Alkoholismus, die zur Folge hat, dafs die Delikte gegen die Person bei den Imbezillen eben so häufig sind, wie die gegen das Eigentum. Bei der gesonderten Betrachtung der ersten Gruppe, bei welcher der Alkoholismus noch nicht die Rolle spielt, macht sich noch die Epilepsie als die Affektverbrechen begünstigende Neurose deutlich geltend.

II. In der zweiten Gruppe wurden 198 Individuen untersucht. Unter ihnen kommen von selteneren nervösen Erkrankungen ein Fall von juveniler Muskelatrophie, einmal Paralysis agitans und eine multiple Sklerose mit Demenz zur Beobachtung.

Von angeborenen psychischen Defektzuständen stand wiederum die Imbezillität obenan, In 27 Fällen bestand Imbezillität mäfsigen Grades, in 3 Fällen Idiotie. Von 17 Epilepsien waren 7 sicher als genuin anzusprechen; 5 Alkoholintolerante und ein ursprünglich periodischer Säufer gehören in diese Gruppe.

Alkoholismus lag in 151 Fällen vor. Hohe Grade von Alkoholismus mit deutlicher Charakterdegeneration, Kenntnisarmut, Einengung des Interesses und Urteilsschwäche fand sich in 77 Fällen. Von 27 Schwachsinnigen waren 21, von 17 Epileptikern waren 13 Alkoholisten.

Bei Betrachtung beider Gruppen ist auf psychischem Gebiete hinsichtlich der vorliegenden hereditären Belastung kein grofser Unterschied. I. Gruppe 55 %, II. Gruppe 50 %. Unter 100 Individuen gehören an

	I. Gruppe	II. Gruppe
dem angeboronen Schwachsinn	31 %	16 %
Epilepsie	16 %	9 %
[Erworbene Geisteskrankheit	4 %	10 %]
Einfacher Alkoholismus	10 %	27 %

Individuen, die aus eigener Initiative in geordnete Verhältnisse zurückzukehren in der Lage sind, finden sich unter ihnen kaum.

Unter den wenigen aus den gebildeten Ständen stammenden Deklassierten war die Zahl der intellektuell schwach veranlagten Individuen noch gröfser, als die psychopathisch Belasteten. Für diese zufolge krankhafter Gehirnorganisation allen Versuchungen leichter unterliegenden Individuen bildet der Aufenthalt in einer an Entbehrungen aller Art reichen Umgebung unzweifelhaft einen vermehrten Anlafs zum Vergehen, als für den normalen Menschen.

Die verhältnismäfsig hohe Zahl der Epilektiker (12 %, genuine Epilepsie 2 %) unter dem grofsstädtischen Vagabundentum findet einerseits in der Natur des Epileptikers, dem erfahrungsgemäfs eine Neigung zur Unstetigkeit innewohnt, seine Erklärung; zuzweit in den für den Epileptiker in der Grofsstadt ungünstigen Arbeitsbedingungen.

Bei der Frage, ob „verminderte Zurechnungsfähigkeit" vorliege, wurde bei den Untersuchungen von einer retrospektiven Beurteilung des Geisteszustandes zur Zeit des Deliktes und von der Art des Deliktes abgesehen, sondern der zur Zeit der Untersuchung sich darbietende psychische Befund beurteilt.

In der Praxis waren bei keinem Zweifel an der Zurechnungsfähigkeit erhoben worden. Abgesehen von 12 Prozent Geisteskranker betrug unter diesen die Zahl der an leichteren angeborenen oder erworbenen Defektzustäuden Leidenden 75 %. Wenn man bedenkt, dafs bei einem grofsen Teile dieser gemindert Zurechnungsfähigen zur Zeit der Straftat akute Alkoholintoxikation mitwirkte, so würde die Zahl der ganz Unzurechnungsfähigen sich erheblich vermehren.

Bonhoeffer, Zur Kenntnis des grofsstädtischen Bettel- und Vagabondentums. Zweiter Beitrag: Prostituierte, Z. ges. Str. **23**, 106 ff.

Imbezillen, Hysterikern, Epileptikern, Alkoholisten und anderen angeborenen und erworbenen Defektzuständen ist neben den einzelnen differenzierenden Symptomen eine pathologische Erscheinung gemeinsam, nämlich das Überwiegen des Einflusses der Triebanregungen, der Affekte und der egoistischen, rein vegetativen Wünsche auf das Handeln gegenüber den Vorstellungen.

Neigung zur Unstetigkeit und zur parasitären Lebensführung läfst sich unter Berücksichtigung der gröfseren Empfänglichkeit solcher Individuen für ungünstige Einwirkungen aus diesen Defektzuständen ableiten. Daher finden sich in der Bevölkerungsschicht der gewerbsmäfsigen Bettler, Vagabunden, Verbrecher und Prostituierten psychische Defektzustände in besonderer Häufigkeit.

Unter 190 der Reihenfolge ihrer Einlieferung nach untersuchten Prostituierten bestand in 6 Fällen ausgesprochene Idiotie. Bei 53 lag Schwachsinn und hochgradige Beschränktheit vor. Hysterie mit ausgesprochenen Stigmata (Schreikrämpfen, allgem. Krämpfen usw.) bestand in 10 Fällen, Hysteroepilepsie oder Epilepsie 13 mal, pathologische Reizbarkeit, Hebephrenie, progressive Paralyse je 2 mal.

Chronischer Alkoholismus war in 66 Fällen nachweisbar, in 26 Fällen mit angeborenen Defektzuständen kombiniert. Bei einem Teile der übrigen 40 Fälle lag hereditäre Belastung vor. In Prozenten ausgedrückt:

3,1 % Idiotie.
28 % Imbezillität nnd Schwachsinn leichten Grades.
5,2 % Hysterie.
7 % Epilepsie.
1 % pathologische Reizbarkeit.
1 % progressive Paralyse.
1 % Hebephrenie.
21 % Alkohol chron.
32 % ohne pathologischen Befund.

Unter Trennung der vor (I) und der nach (II) dem 25. Lebensjahre Prostituierten stellt sich das Prozentverhältnis folgendermafsen dar:

	I	II
Hereditäre Belastung	54	52
Hysterie und Epilepsie	14	8
Idiotie	3,6	2
Imbezillität und intellektuelle schwache Veranlagung	30	24
Alkoholismus ohne angeborenen Defektzustand	14	46
Psychosen	1,4	4

Aschaffenburg, Alkohol und Verbrechen. Z. ges. Str. **20,** 80 ff.

Der unmittelbare Zusammenhang zwischen Alkoholkonsum und einem Verbrechen läfst sich vielfach nur mit grofsen Schwierigkeiten feststellen, und zwar gilt dies sowohl für die chronische Trunksucht, wie für die aktive Alkoholvergiftung, den Rausch. Allerdings läfst der Lebenslauf verbrecherischer Gewohnheitstrinker aus den Akten meist mit leidlicher Sicherheit die Trunksucht erkennen. Dagegen scheitert die Bestimmung, ob jemand zur Zeit der Begehung seiner Straftat betrunken war oder nicht, an dem Fehlen einer gemeinen Begriffsbestimmung für die Trunkenheit.

Die Zahl der Gewohnheitstrinker ist am gröfsten nach einer statistischen Zusammenstellung von Maison bei den zum Tode Verurteilten. Die Zahl der zur Zeit der Tat Betrunkenen ist gering unter den Verurteilten überhaupt; bei den schwersten Verbrechen hingegen sind sie mit mehr als $^2/_5$ beteiligt. Es läfst sich daraus schliefsen, dafs die Verkommenheit des Säufers und die Berauschtheit mit der Schwere der Straftat parallel geht.

Nach einer zweiten Zusammenstellung von Baer lassen sich die Straftaten der Betrunkenen in zwei Gruppen scheiden. Diese erste besteht aus Körperverletzungen, Widerstand gegen die Staatsgewalt, Hausfriedensbruch, Sachbeschädigung und Vergehen gegen die Sittlichkeit (Roheitsdelikte), die zweite aus Diebstählen und Unterschlagungen, Verbrechen, die meist heimlich, vielfach nach langer Vorbereitung und Überlegung ausgeführt werden. Die Zahl der Betrunkenen ist bei den Roheitsdelikten gröfser, als bei den Vermögensdelikten, denn bei diesen würde ein leichter Grad von Angetrunkenheit schon die Ausführung erschweren; bei den Roheitsdelikten erleichtert der Rausch mit seinen psychischen Folgen das Zustandekommen und ruft sie vielfach geradezu hervor.

Gerade von Gelegenheitstrinkern, weniger von Gewohnheitstrinkern, deren verbrecherische Tätigkeit durchaus nicht gering angeschlagen wird, werden Excesse begangen.

Die psychische Wirkung des Alkohols ruft eine deutliche Herabsetzung der geistigen Leistungsfähigkeit hervor.

Eine weitere Folge des Alkohols ist die vorzeitige Reaktion („Fehlreaktion"), bei der die Bewegung in dem Momente erfolgt, wo der Reiz erwartet wird, nicht wo er erfolgt. Es tritt ein Zustand erhöhter Erregbarkeit gerade für Bewegungsauslösungen ein. Die psychische Tätigkeit des Überlegens kommt durch die erhöhte moralische Spannung zu kurz.

Der Reiz wird gebildet durch eine Äufserung, ein Schimpfwort, eine drohende Bewegung, ein zufälliges Zusammenstofsen; die Reaktion ist die Beleidigung, der Schlag mit der Faust, dem Stock, dem Bierglase, der Stofs mit dem Messer. Bei normalem Ablauf der Reaktion könnte die ruhige Überlegung zur Geltung kommen und die zweckmäfsigste Form der Abwehr des oft sogar nur vermeintlichen Angriffes, des sicher oft harmlosen Reizes finden können.

Die moralische Erregbarkeit zeigt sich in ihren leichtesten Graden in vielem und lautem Reden, Schreien, Singen, — Ruhestörung; dann betätigt sich der Drang zu zwecklosen Bewegungen an leblosen Gegenständen, deren Farbe, Form, oft schon ihr Vorhandensein allein als Reiz wirkt — Sachbeschädigung; es folgen die Kollisionen mit Personen, die in rascher Steigerung von der Beleidigung zum Hausfriedensbruch, zu Gewalt und Drohung gegen Beamte, zu einfacher und schwerer Körperverletzung führen. Es sind stets dieselben, nach dem Schema der vorzeitigen, unüberlegten, übergrofsen Reaktion auf einen äufseren Reiz verlaufenden Handlungen. Daher entsprechen diese Delikte nicht dem Gewohnheitstrunk, sondern dem Gelegenheitstrunk, bei dem aber auch der chronische Alkoholist durch Wegfall aller ethischen Vorstellungen und Gegenmotive natürlicherweise eine Körperverletzung begehen wird; auslösende Ursache würde auch in diesem Falle der Alkoholexcefs des Abends sein.

Benedikt, Die Vagabondage und ihre Behandlung. Z. ges. Str. **11,** 710 ff.

Konstituierende psychologische Elemente der Vagabondage sind.

1. Arbeitsscheu (moralische und intellektuelle zur zweiten Natur gewordene oder angeborene Neurasthenie);

2. Leichtsinn;
3. Klaustrophobie (Engenangst);
4. psychische Unruhe.

Oft ist eine Komplikation der Vagabondage mit Psychopathien gegeben. Diese gehören, soweit sie nicht weiter gefährlich sind, eigentlich mehr in das Irrenhaus, als in Vagabonden-Kolonien.

v. Schrenck-Notzing, Arch. krim. Anthr. 8, 78. Meineid. Leichter Schwachsinn.

v. Kraewel, D. Str. Z. 1862. Sp. 637. Notzucht.

Kölle, Gerichtlich-psychiatrische Gutachten. Stuttgart 1896. 136. Fall von Blutschande, Notzucht und Erregung öffentlichen Ärgernisses. (Gutachten von Bach.)

Kölle a. a. O. 192 ff. Unzüchtige Handlungen an Kindern. Dementia alcoholica senilis. (Gutachten von Delbrück.)

Kölle a. a. O. 30 ff. Fall von Blutschande. (Gutachten von Delbrück.)

Köppen, Sammlung von gerichtlichen Gutachten. Berlin 1904. 50 ff. Fall von Sittlichkeitsvergehen. (Gutachten von Köppen.)

Z. Med. B. 1, 72. Sittlichkeitsverbrechen (hereditäre Psychose mit perverse Sexualempfindung).

v. Schrenck-Notzing, Arch. krim. Anthr. 8, 79 f. Verbrechen wider die Sittlichkeit. Erblich belasteter Psychopath.

Köppen a. a. O. 435. Unzüchtige Handlungen mit Knaben. (Gutachten von Köppen.)

v. Schrenck-Notzing, Arch. krim. Anthr. 8, 81. Widernatürliche Unzucht. Mittelschwere Neurasthenie mit Zwangszuständen.

v. Schrenck-Notzing, Arch. krim. Anthr. 8, 81. Widernatürliche Unzucht. Allgemeine neuropathische Disposition, Intoleranz gegen Alkohol.

v. Schrenck-Notzing, Arch. krim. Anthr. 8, 78 f. Exhibitionismus. Geistige Schwäche.

Kölle a. a. O. 266 ff. Mordversuch im Rausche.

Zustand stark verminderter Zurechnungsfähigkeit, hervorgerufen durch Trinken bei heftiger Gemütsaufregung (pathologischer Rausch). (Gutachten von Forel).

v. Schrenck-Notzing, Arch. krim. Anthr. 8, 76. Versuchter Gattenmord.

Tat begangen von einer durch zehn Geburten geschwächten, hysterischen, im Zustande der Gravidität befindlichen Person, wahrscheinlich unter dem Einflusse eines Affektes.

Zimmermann, Über sog. psychische Entartungen. G.S. **32,** 481 ff. Gattenmord.

v. Schrenck-Notzing, Arch. krim. Anthr. 8, 76. Mordversuch und Anstiftung zu 9fachem Morde.

Zurechnungsfähigkeit infolge hysteropathischer, psychischer Schwäche, Klimakteriums sowie infolge der suggestiven Wirkung abergläubischer Vorstellungen erheblich herabgemindert.

v. Schrenck-Notzing, Arch. krim. Anthr. 8, 74. Körperverletzung mit nachgefolgtem Tode.

Chronischer Alkoholismus, erblich belasteter Psychopath. Zurechnungsfähigkeit während der Tat nicht aufgehoben, weil der Angeklagte nur angetrunken, durch berechtigte Eifersucht erregt war und nach der Tat mit Überlegung handelt, dagegen war die Zurechnungsfähigkeit infolge der psychopathischen Erregbarkeit vermindert.

Kölle a. a. O. Drohungen und Selbstmordversuch im Affekt.

Täter war infolge langdauernder intensiver Affekte, welche im Moment der Begehung der Tat ihren Höhepunkt erreichten, in jenem Moment derart durch Affekt geistig beeinträchtigt oder gestört, dafs seine Selbstbestimmungsfähigkeit jedenfalls hochgradig vermindert, möglicherweise sogar ganz aufgehoben war. (Gutachten von Forel.)

Kölle, Gerichtlich-psychiatrische Gutachten. Stuttgart 1896. 1 ff. Fall von Kindsraub, Diebstahl und Betrug seitens eines „an Schwachsinn mittleren Grades" leidenden. (Gutachten von Forel.)

v. Schrenck-Notzing, Arch. krim. Anthr. 8, 75. Diebstahl.

Epileptischer Schwachsinn mit einem Minimum von Zurechnungsfähigkeit. Täter ist für dauernde Unterbringung in eine Anstalt zu empfehlen.

v. Schrenck-Notzing, Arch. krim. Anthr. 8, 75. Diebstahl. Unverbesserlicher Psychopath und epileptischer Degeneration.

v. Schrenck-Notzing, Arch. krim. Anthr. 8, 77. Diebstahl.

Migraine ophtalmique und Zwangsantriebe. Grad der Unzurechnungsfähigkeit auf 75 Prozent geschätzt. (Vgl. v. Schrenck-Notzing, Arch. krim. Anthr. **1,** 5 ff.)

Kölle a. a. O. 250 ff. Diebstahl bei Alcoholismus chronicus. (Gutachten von Forel.)

Köppen a. a. O. 417. Fall eines Taschentuchdiebstahls.

Sexuelle Perversität, Täter stiehlt Taschentücher von Frauen, um sich damit onanistisch zu befriedigen. (Gutachten von Köppen.)

Z. Med. B. 9. 128 ff. Diebstahl im Rausch. (Matthias.)

Dubuisson, die Warenhausdiebinnen, übersetzt von Fried, Leipzig 1903,

führt an der Hand zahlreicher Beobachtungen aus, dafs die Warenhausdiebinnen geistig minderwertige Personen seien, bei denen Hysterie, Neurasthenie, Schwangerschaft, Menstruation die bedeutendste Rolle spielen. (vgl. **Leppmann** Cbl. Nervheilk. **21** 630, oben S. 51.)

Kölle a. a. O. 84 ff. Fall eines pathologischen Schwindlers mit konträrer Sexualempfindung.

Für mindestens vermindert zurechnungsfähig erklärt. (Gutachten von Forel.)

Kölle a. a. O. 118 ff. Betrug und Prellereien.

Psychopathische Degeneration mit Anklängen an Pseudologia phantastica. Gemeingefährlichkeit: Unter der Herrschaft seines bis ins Pathologische reichenden, schwindelhaften Unternehmungstriebes, dem Hemmungen ethischer Natur kaum entgegenwirken, wird St. immer leicht dazu kommen, sich in zweifelhafte Geschäfte einzulassen und dadurch andere zu schädigen. (Gutachten von Bach.)

Delbrück, Die pathologische Lüge.

131. Die Erinnerungsfälschung als wesentlicher Bestandteil der Pseudologia phantastica kommt bei vermindert zurechnungsfähigen abnormen Schwindlern vor.

120. Schwachsinn in minderem Grade.

v. Schrenck-Notzing, Arch. krim. Anthr. 8, 78. Brandstiftung. Angeborener Schwachsinn.

v. Schrenck-Notzing, Arch. krim. Anthr. **8,** 74. Brandstiftung. Chronischer Alkoholismus.

Z. Med. B. **3,** 237. Brandstiftung (Gutachten von Peters).

Kölle, a. a. O. 62 ff. Brandstiftung einer an moralischem Irresein und hysterischen Charakteranomalien leidenden, welche für vermindert zurechnungsfähig, aber hochgradig gemeingefährlich erklärt ist (Gutachten von Delbrück).

Ps. W. **4,** 352. Fall von Brandstiftung.

Arch. Ps. **28,** 327 (Alzheimer) vgl. ebd. 964 (Kurella) und Neur. Cbl. **15,** 859 (Ilberg). Fall von Vagabondage und Betrug. Sexuelle Perversität. (Fetischismus).

Rayneau, Rapport médico-légal sur un inculpé d'ontrages à la pudeur. Ann. Méd. Psych., 8. Reihe, **1,** 387—393.

Der Angeklagte ist kein Wahnsinniger, sondern ein Nervenkranker, welcher an einer Geschlechtsentartung leidet; er ist sich seiner Handlungen bewufst; er wurde dazu von einem Affekt getrieben, welcher aber nicht stark genug war, um seinen Willen zu vernichten. Seine Zurechnungsfähigkeit soll deshalb als gemindert betrachtet werden.

Hospital Ann. Méd. Psych., 8. Reihe, **10,** 205 ff.

Regelmäfsig kann man die wegen unzüchtiger Handlungen oder wegen Diebstahls Angeklagten als in einem hohen Mafs zurechnungsfähig betrachten, da wenig an den Einflufs einer Krankheit des Geistes in diesen Fällen zu glauben ist.

Cbl. Nervheilk. **17,** 290.

Eine ungesetzliche Handlung, bei welcher geistige Erregung, Hafs, Zorn, Rachsucht die Triebfeder bilden, müfste unbedingt als unter krankhaftem Affekt verübt angesehen werden, denn in ihren (der Angeschuldigten) Wutausbrüchen ist sie von blinder Leidenschaftlichkeit und sicher von geminderter Zurechnungsfähigkeit. Inbezug auf die Abtreibungsdelikte aber können ihr die Einsicht und Erkenntnis der Strafbarkeit nicht abgesprochen werden, denn dieselben erforderten ruhige geistige Überlegung und schliefsen jeden seelischen Reizzustand aus.

Gretener, Zum Falle Hürst, Z. Schw. Str. **1,** 1 ff.

Der Soldat Christian Hürst schiefst bei Gefechtsübungen zweimal nacheinander mit scharfen Patronen auf seine Kameraden.

Die Gutachten zeichnen mit Recht in ihm den Typus des Schwachsinnigen. Nach ihnen ist die Fassungsgabe des Täters, ebenso wie der Umfang seines Wissens gering. Sein Wissen beruht nur auf einer einfachen Leistung seines Gedächtnisses. Er kann nicht lügen, wenigstens nicht erfinderisch, während er hier und da ungeschickt etwas hinwegzuleugnen versucht. Gewissensregungen, sowie Furcht vor Rache wurden an ihm nicht gemerkt.

Die Nachforschungen ergaben erbliche Belastung. Jedoch wurden mit Rücksicht darauf die sonstigen Ergebnisse des Vorliegens von Geisteskrankheit im eigentlichen Sinne verneint, jedoch angeborener Schwachsinn im mittleren Grade festgestellt, der jedoch das Bewufstsein der Strafbarkeit und die Folgen der eingeklagten Handlung nicht ausschlofs.

Die Zurechnungsfähigkeit wurde auch von den Geschworenen bejaht.

Es ist auch nach den Ergebnissen daran festzuhalten, dafs zwar Hurst keineswegs auf die unterste Reihe des Idioten zu setzen ist, indes steht er andererseits auch merklich in derjenigen Grenzlinie, wo der pathologische Schwachsinn in die auf Dummheit oder mangelhafter Erziehung resultierende Unwissenheit und Beschränktheit der Vollsinnigen abgeht. Der Umstand, dafs er zwar die Folgen der Tat kennt, aber ihm das Bewufstsein ihrer Eingliederung in die Rechtsordnung und eine Reihe des ethischen Urteilsvermögens infolge seines geringen Wissens fehlt, um die Strafwürdigkeit der beabsichtigten Handlung einzusehen, deutet auf einen Grund angeborenen moralischen Stumpfsinns hin, welcher erhebliche Zweifel an dem Vorhandensein desjenigen Rechts- und Pflichtbewufstseins aufkommen läfst, das die notwendige Voraussetzung der kriminalistischen Zurechnungsfähigkeit bildet. Allerdings sind die gesetzlichen Merkmale der Zurechnungsfähigkeit erfüllt. Aber dürfte bei gesetzlicher Anerkennung verminderter Zurechnungsfähigkeit die Antwort ebenso ausfallen?

Vgl. dazu die ähnlichen Ausführungen von **v. Speyr** zum Falle Hürst, Gutachten Z. Schw. Str. **1**, 404 ff.

Glaser, Ärztliches Gutachten über Christian Bingelli von Wahlern. Z. Schw. Str. **14**, 326 ff.

Am 5. Mai 1900 erschofs B. in seiner Wohnung seine Ehefrau, seine Mutter und in einem nahen Wäldchen seinen fünfjährigen Knaben.

> B. war zur Zeit der Tat infolge seiner abnormen geistigen Anlage und Entwickelung, infolge seines an Krankheit grenzenden Charakters, trotz der Einsicht in die Strafbarkeit seiner Tat nicht im Besitze der Willensfreiheit; zum mindestens war diese letztere in hohem Grade gemindert.

Lacassagne, Boyer, Rebatel, Rapport sur Vidal le tueur de femmes. Arch. Anthr. Crim. **17**, 645—698.

Dieser Verbrecher hat zwei Frauen getötet und versucht, zwei andre zu töten; Diebstahl war der Zweck. Es sind bei ihm Zeichen von Entartung und Geistesschwäche gefunden. Seine Zurechnungsfähigkeit mufs als leicht vermindert betrachtet werden.

von Speyr, Ärztliches Gutachten über Friedrich Roth. Z. Schw. Str. **8**, 52 ff.

Roth schiefst, als seine Frau ihm wegen seiner Arbeitslosigkeit dauernd Vorwürfe macht, auf diese, trifft sie aber nicht.

Beide Eltern waren dem Trunke ergeben. Von ihnen hat er eine Anlage zur Trunksucht und auch geistige Störung geerbt. Er selbst ist früh dem Trunke verfallen. — Gutachten:

1. Er ist durch erbliche Anlage und durch böses Beispiel zum Trinker geworden; er leidet an chronischem Alkoholismus und ist im allgemeinen vermindert zurechnungsfähig.

2. Er ist zur Zeit der eingeklagten Handlung unfähig gewesen, sich von ihrer Handlung und Tragweite Rechenschaft zu geben, aber er ist damals noch nicht im eigentlichen Sinne geisteskrank gewesen.

Gallus, Cbl. Nervheilk. **21**, 560.

Ein an seltenen Anfällen leidender Epileptiker hat Brandstiftung begangen. Diese Tat eines „gehirnkranken aber noch nicht geisteskranken Mannes" ist entschieden milder zu beurteilen, als wenn sie von einem Geistesgesunden begangen wäre.

Forel, Zwei kriminalpsychologische Fälle. Ein Beitrag zur Kenntnis der Übergangszustände zwischen Verbrechen und Irrsinn Bern 1889.

Diebstahl, Entführung, Betrug, Menschenraub.

Das Gutachten wurde dahin abgegeben:

18. Dafs K. an Schwachsinn mittleren Grades leidet, wobei ein kolossaler ethischer Defekt mit bedeutender Urteilsschwäche, abenteuerliche Triebe und Apathie die Hauptrolle spielen. Es sei kaum anzunehmen, dafs er sich noch bessern könne, er werde wohl sein Leben lang ungefähr so bleiben und dabei die gleichen Gefahren bieten, da eine Strafe ihn kaum wesentlich bessern dürfte.

19. K. sah infolge eines mäfsigen Grades von Schwachsinn die Strafbarkeit seiner verschiedenen Vergehen nur ganz unklar und die Tragweite des Kindesraubes gar nicht ein. Er bleibt infolge angeborener ethischer Defekte und Urteilsschwäche stets eine Gefahr, ähnliche Handlungen weiter zu verüben.

IV. Abschnitt.

Reformvorschläge.

Mittermaier, Der Milderungsgrund der verminderten Zurechnungsfähigkeit. G. S. **11.**

Eine Vorschrift wird allgemein zu fassen sein, und zwar entweder so:

Befand sich zur Zeit der Täter in einem die Freiheit der Willensbestimmung beschränkenden Gemütszustande, oder: war durch den Gemütszustand die Zurechnung so gemindert, dafs die gesetzliche Strafe im Mifsverhältnis mit der Strafwürdigkeit des einzelnen Falles stehen würde, so haben die Gerichte auf eine geringere Strafe zu erkennen.

Meyer (Ludwig), Arch. Ps. **2,** 444 (s. oben S. 33) schlägt folgende Fassung vor:

„War die freie Willensbestimmung zur Zeit der Begehung eines Verbrechens oder Vergehens zwar nicht völlig ausgeschlossen, jedoch beschränkt, so tritt Strafmilderung ein — oder: so hat der (Richter, Gerichtshof) diese Beschränkung als einen die Strafe mildernden Umstand aufzufassen — oder: so ist der Täter mit einer geringeren Strafe zu belegen, als wenn er das Verbrechen oder Vergehen bei völlig freier Willensbestimmung begangen hätte.

Eine Beschränkung der freien Willensbestimmung[1]) war zur Zeit der Tat vorhanden:

---

[1]) Im Text steht irrtümlich „Willensbeschränkung."

1. wenn zur Zeit der Tat das zwanzigste Lebensjahr noch nicht erreicht war;

2. wenn bei dem Täter zur Zeit der Tat eine, den Seelenzustand in höherem Grade beeinflussende Krankheit oder Krankheitsanlage bestand;

3. wenn ein hoher Grad von Leidenschaftlichkeit, Beschränktheit usw. während der Vollziehung der Tat vorhanden war."

Neumann, Psychologische Reflexionen über das Preufsische Strafgesetzbuch und den Entwurf zu einem Strafgesetzbuche für den Norddeutschen Bund. Oppeln 1870.

34. Bei verminderter Zurechnungsfähigkeit die Strafe des „Versuchs" eintreten zu lassen, ist vollständig prinziplos, weil diese Zustände mit dem Versuche innerlich nichts gemein haben. Es ist aber auch materiell falsch, weil die Möglichkeit der Verminderung der Zurechnungsfähigkeit angenommen, es eine ganz willkürliche Behauptung wäre, dafs sie nur bis zur Hälfte der vollen Zurechnungsfähigkeit und nicht noch weiter herabsinken könne.

Friedel, Die geminderte Zurechnungsfähigkeit. D. Str. Z. **10,** 98 ff.

Folgende Formulierung ist für die verminderte Zurechnungsfähigkeit nach Griesinger und Liman zu wählen: „Derjenige war in seiner freien Willensbestimmung beschränkt, welcher zur Zeit der Handlung zwischen deren Ausführung und Unterlassung mit Besonnenheit zu wählen verhindert war. Was Besonnenheit sei, mufs die Individualität des Täters und des Falles ergeben."

Die Medizinische Deputation (s. oben S. 24) schlägt folgende Fassung (des betr. Gesetzesparagraphen) vor:

„Der Täter ist mit einer geringeren Strafe zu belegen, wenn er sich zur Zeit der Tat in einem Zustande befand, welcher die freie Willensbestimmung zwar nicht völlig ausschlofs, aber dieselbe beeinträchtigte."

v. Rönne, Die kriminalistische Zurechnungsfähigkeit. Berlin 1870. 39, macht folgenden Gesetzesvorschlag (zum Entwurf eines Strafgesetzbuchs für den norddeutschen Bund).

§ 50. Wenn sich der Angeschuldigte zur Zeit der Tat in einem Zustande unvollkommener Besinnungsfähigkeit, krankhafter Störung der Geistestätigkeit, angeborener Geistesschwäche oder krankhafter oder abnormer Mangelhaftigkeit der geistigen Entwicklung befand, und einer dieser Zustände die Fähigkeit, nach vernünftigen und sittlichen Beweggründen zu handeln, ausschlofs, so kann ihm die Tat als ein Verbrechen oder Vergehen nicht zugerechnet werden.

§ 51. Ein Gleiches findet statt, wenn ein solcher Zustand die eben bezeichnete Fähigkeit zwar nicht ausschlofs, sondern nur beeinträchtigte, der Angeschuldigte aber infolge dieser Beeinträchtigung die Tat ohne das Bewufstsein ihrer Rechtswidrigkeit begangen hat.

§ 52. In beiden Fällen (§§ 51 und 52) kann jedoch in dem Urteile oder auch durch einen auf Grund der Voruntersuchung zu fassenden Kollegial-Beschlufs, gegen welchen der Beschwerdeweg zulässig ist, verordnet werden, dafs der Angeschuldigte entweder in einer öffentlichen Irrenanstalt oder in einem Asyle oder in einer Besserungsanstalt untergebracht werden soll.

In der Irrenanstalt oder in dem Asyle ist er bis zur amtlichen Feststellung seiner völliger Heilung, in der Besserungsanstalt so lange zu behalten, als die derselben vorgesetzte Verwaltungsbehörde es für erforderlich erachtet, jedoch nicht länger als fünf Jahre.

Westphal, Arch. Ps. 2, 235 (vgl. ob. S. 19), schlägt folgende Fassung vor:

„Befand sich zur Zeit der Begehung eines Verbrechens oder Vergehens der Täter unter Einflüssen oder in Zuständen, welche das normale Vonstattengehen der Seelenvorgänge beschränkten, so ist er mit einer geringeren Strafe zu belegen, als wenn er das Verbrechen oder Vergehen unabhängig von solchen Einflüssen oder Zuständen begangen hätte."

Gegen den zweiten Teil der Fassung v. Holtzendorff (ebda.), weil nicht nur von einer geringeren Strafe die Rede sein dürfe, sondern von einer der Art und dem Grade nach verschiedenen. Vgl. ferner Mundy, Deegen, Liman daselbst.

v. Bar, Die juristische Beurteilung der Zustände geistiger Krankheit und Störung. Grünhuts Z. 2, 1 ff., bes. 45 ff.

55. Personen mit verminderter Zurechnungsfähigkeit, wenn letztere auf einem dauernden psychischen Zustande beruht, sollten nicht sowohl einer milderen oder geringeren, als vielmehr einer anderen Strafe unterworfen werden, wie die gewöhnlichen geistig vollkommenen gesunden Verbrecher. Ihre Schuld ist zwar geringer als die der letzteren. Aber mehr als diese sind sie bedürftig der Erziehung und zugleich einer gewissen Pflege, und der Staat hat zweifellos schon der Sicherheit seiner Angehörigen wegen das Recht, das, was er dem Verbrecher an Intensität der Strafe schenkt, durch die Dauer der Strafe wieder auszugleichen. Es ist nicht richtig, wie es bisher die Verteidiger der geminderten Zurechnungsfähigkeit wollen, die Strafe wegen Annahme der letzteren einfach herabzusetzen, sondern ähnlich wie man jugendliche Verbrecher, d. h. also doch auch Verbrecher mit geminderter Zurechnungsfähigkeit, anders behandelt, in den Strafanstalten eine andere Behandlung der Verbrecher mit geminderter Zurechnungsfähigkeit einzuführen, und zwar, da es sich hier um eine Konsequenz der Gerechtigkeit handelt, nicht nur nach dem Ermessen der Verwaltung, sondern auf Grund der richterlichen Entscheidung, wenn auch die Details der Behandlung selbstverständlich der Verwaltung überlassen bleiben müssen.

Hervorgehoben wird, dafs Verbrecher mit geminderter Zurechnungsfähigkeit einer anderen Kost bedürfen als gesunde. — Zweckmäfsig würde die Verwaltung die Befugnis erhalten, den Verurteilten nach Ablauf eines bestimmten Zeitraumes, der als Strafe ausgehalten werden müfste, auf Grund eines Gutachtens von Sachverständigen, das ihn für geheilt erklärt, von der im Urteil angenommenen geistigen Störung zu entlassen (Anm. 61 S. 56). — Die geminderte Zurechnungsfähigkeit, beruhend lediglich auf temporären Affekten, kann nur in einer gewöhnlichen Abkürzung oder Herabsetzung der Strafe berücksichtigt werden, und hierbei kann in der Tat die Frage aufgeworfen werden, ob nicht das etwa sonst schon bestehende Milderungsrecht des Richters zur Berücksichtigung ausreicht.

Doch ist die hier freilich nicht ganz zu verkennende Gefahr einer unbegründeten Annahme geminderter Zurechnungsfähigkeit jedenfalls geringer als diejenige, welche in der Zulassung „mildernder Umstände“ überhaupt, ohne irgend welchen weiteren Anhaltspunkt darüber liegt, was unter diesen mildernden Umständen zu verstehen sei. Die geminderte Zurechnungsfähigkeit mufs systematisch richtig im allgemeinen Teile des Strafrechts und des Strafgesetzbuchs abgehandelt werden.

Koch, Die psychopathischen Minderwertigkeiten.

139. Es ist zu wünschen, dafs besondere Anstalten für die angeboren psychopathisch Degenerierten, namentlich für die in höherem Grade angeboren psychopathisch Degenerierten eingerichtet werden.

Solche Anstalten hätten nach Bedürfnis auch angeboren psychopathisch Belastete aufzunehmen.

Solche Anstalten wären also weder Irrenanstalten noch Strafanstalten. Sie wären Bewahr-, Schutz- und Besserungsanstalten, in welchen die Betreffenden nicht auf eine bestimmte Zeit, sondern so lange untergebracht würden, als es ihr eigenes Interesse und die Rücksicht auf die öffentliche Sicherheit, Sittlichkeit und Ordnung erfordern würden. Es würde in allen Fällen, wo Zweifel darüber bestehen müfsten, ob jemand wegen Geisteskrankheit aufser gerichtliche Verfolgung zu setzen oder ob er wegen psychopathischer Minderwertigkeit milder zu bestrafen sei, einen nach allen Seiten hin genügenden Ausweg bieten, wenn man die Betreffenden in derartige Anstalten einweisen könnte.

Aber auch für diejenigen Fälle wäre mit solchen Anstalten gesorgt, wo wegen des Bestehens zweifelloser psychopathischer Degeneration (und beziehungsweise gewisser Arten von Belastung) und dadurch bedingter verminderter Zurechnungsfähigkeit eine Mafsregel einzutreten hätte.

140. Eine Leitung und Führung würde gegeben sein, wie sie der psychische Zustand (der Verbrecher) erforderte. Es würde ver-

mieden werden, dafs gefährliche Individuen wegen mildernder Umstände nur mäfsig bestraft und zufolgedessen nur um so früher wieder auf die Menschheit losgelassen werden, was ebenfalls entschieden den Forderungen der Humanität widerstreitet.

Eine Disziplinierung dürfte nur unter Verwertung ärztlicher Gesichtspunkte und unter ärztlicher Anordnung stattfinden.

Von Sicherheitspolizeiwegen und beziehungsweise von ärztlichen Erwägungen aus müfsten auch psychopatisch Minderwertige, die mit dem Strafgesetz noch nicht in Konflikt gekommen sind, in die Anstalten eingewiesen werden können.

174. Die besonderen Staatsanstalten sollen den Ausgleich bringen, welchen das menschliche Gerechtigkeitsgefühl und eine Notwehr der Gesellschaft verlangen.

374. Auch mit Rücksicht auf die erworbenen psychopathischen Minderwertigkeiten werden bei diesem oder jenem Falle die besonderen Anstalten berufen sein, die Schwierigkeiten zu beseitigen, aus denen sonst nicht leicht ein Ausweg zu finden wäre.

Überall in den Strafanstalten müfste ein regelmäfsiger und durchgreifender psychiatrischer Dienst eingerichtet werden.

376. Trinker und Morphinisten müfsten in die besonderen Anstalten eintreten.

364. Heilung der Trinker in Trinkerasylen.

371. Sollte keine Aussicht vorhanden sein, dafs der Begriff (der verminderten Zurechnungsfähigkeit) in das deutsche Str.G.B. aufgenommen werde, so ist anzustreben:

1. dafs die Zulassung mildernder Umstände, wenigstens so weit, als diese in psychopathischen Zuständen gelegen sind, auf alle strafbaren Handlungen ausgedehnt werde;
2. dafs diejenigen mildernden Umstände, die in psychopathischen Zuständen liegen, bei der Verkündigung von Urteilssprüchen durch eine entsprechende Formel in ihrer Besonderheit gekennzeichnet werden. Letzteres hätte jeweils zu geschehen zum Zwecke der Schonung der Familie des Verurteilten und des Verurteilten selbst.

Kritik zu Koch, die Frage nach dem geborenen Verbrecher. Z. Ps. **52, 469.**

Ist der Verbrecher geisteskrank, so gehört er ins Irrenhaus, ist er aber psychopathisch minderwertig, so ist seine Zurechnungsfähigkeit nur vermindert und er ist milder zu bestrafen. Aber dann gehört er weder in die Straf- noch in die Irrenanstalt, sondern in eine besondere Anstalt.

Moeli, Arch. Ps. **19,** 551 f. Referat: „Über irre Verbrecher".

Verfasser glaubt, von der Annahme einer verminderten Zurechnungsfähigkeit in foro, von der Individualisierung der Strafmündigkeit und von der Berücksichtigung der letzteren bei Strafmafs und

Strafvollzug eine wohltuende Änderung vielleicht erhoffen zu dürfen und schlägt als prophylaktisches Hilfsmittel eine Ausdehnung der Zwangserziehung über den jetzt fixierten Termin (18. Lebensjahr) hinaus vor.

Krohne, Lehrbuch der Gefängniskunde. Stuttgart 1889. 456.

Behandlung der Strafgefangenen. Handelt es sich um Schwächlinge, so sind sie in den Anforderungen an ihre Arbeitsleistung, an Ordnung und Reinlichkeit milder zu beurteilen. Sind es epileptische oder maniakalische, so sind sie vor Reizungen durch andere Gefangene oder Beamte zu hüten. Sind sie paralytisch oder dement, so werden sie mehr Gegenstand der Pflege als der Disziplin.

Baer, Der Verbrecher.

281. Viele von diesen eigentümlich gearteten Personen (den impulsiv Gewalttätigen) verfallen, wenn sie lange unter der strengen Zucht des Strafortes verbleiben, oft dem unheilbaren Irrsinn. Sie sollten, dicht an der Grenze der notorischen Geistesstörung stehend, anders bestraft und anders detiniert werden als Verbrecher mit voller Geistesgesundheit.

302. Diese Gefangenen (die Epileptiker) sind reizbar, heftig und von schwacher Intelligenz; sie müſsten anhaltend in einem öffentlichen Hospital untergebracht und so vor gewalttätigen Handlungen geschützt sein.

Bleuler, Correspbl Schw. Ärzte **32**, 571.

Vermindert Zurechnungsfähige dürfen entschieden nicht wie Verbrecher kürzere oder längere Zeit bestraft werden, sondern sie müſsten ganz anders behandelt werden. Vor allem dürfen wir erstens aus Mitleid, zweitens, weil wir keine entsprechenden Anstalten haben, an die Einsperrung der Pervers-sexualen nicht denken.

von Speyr, Wie ist die Zurechnungsfähigkeit in einem Schweizerischen Strafgesetzbuche zu bestimmen. Referat zur Versammlung des Vereins Schweizer. Irrenärzte in Chur am 22. und 23. Mai 1893. Z. Schw. Str. **7**, 183 ff.

Für den Arzt ist keine psychologische Definition der verminderten Zurechnungsfähigkeit, sondern nur die Aufzählung der hierzu zu rechnenden Zustände praktisch zu verwenden.

In jedem Falle ist das Aufstellen einer Definition der verminderten Zurechnungsfähigkeit als eines Zustandes zwischen der vollen Zurechnungsfähigkeit und der vollen Unzurechnungsfähigskeit schwer zu geben. Doch würde auch schon das in das Strafgesetzbuch aufgenommene Gebot einer angemessenen Versorgung genügen. Ohne gerade Verbrecherasyle zu empfehlen, ist einmal darauf hinzuweisen, daſs ein vermindert Zurechnungsfähiger gefährlicher sein kann, als ein voll Zurechnungsfähiger, anderseits, daſs die Versetzung in ein Zuchthaus gegen manche Psychopathen geradezu ein Unrecht ist.

Daher sind unter der Erwägung, dafs die Versetzung derartiger Individuen in eine geeignete Anstalt unter Umständen am Platze sind, folgende Thesen zu empfehlen:

I. . . .

II. War die geistige Gesundheit oder das Bewufstsein des Täters nur beeinträchtigt, oder war der Täter geistig mangelhaft entwickelt, so ist die Strafe zu mildern oder gänzlich auszuschliefsen.

III. Erfordert die öffentliche Sicherheit die Verwahrung des Unzurechnungsfähigen oder vermindert Zurechnungsfähigen in einer Anstalt, so ordnet das Gericht dieselbe auf so lange an, als die öffentliche Sicherheit es erfordern wird.

IV. Ist die Aufnahme des Unzurechnungsfähigen oder vermindert Zurechnungsfähigen ärztlich geboten, so veranlafst das Gericht die Aufnahme des Kranken in eine Anstalt auf so lange, als es der Zustand des Kranken erfordern wird.

Forel, Zum Entwurf eines schweizerischen Irrengesetzes. Z. Schw. Str. **6,** 313 ff.

§ 1. Definition der Geistesstörung. . .

§ 2. Geistig Gebrechliche mit moralischen Defekten und perversen Trieben.

Als besondere Kategorie müssen geistig abnorme Personen betrachtet werden, welche, ohne tiefere Störung der Intelligenz zu zeigen, unwiderstehliche krankhafte Triebe und Neigungen oder tiefe moralische Defekte, besonders auf Grund erblicher Anlagen, besitzen, wenn dieselben dadurch der Gemeinschaft oder sich selbst oder ihrer Familie, sei es durch verbrecherische oder sonstige antisoziale Neigungen, sei es durch Arbeitsscheu, Excesse, Vagantentum u. dgl. erheblichen Schaden zufügen.

Es sind Anstalten auf dem Lande zu errichten und mit landwirtschaftlichem und industriellem Betrieb zu verbinden. Sie erfordern eine äufserst umsichtige, zugleich psychiatrisch, psychologisch und pädagogisch fachmännische Leitung und sorgfältige Trennung der Geschlechter.

Nicht alle Verbrecher sollen hier untergebracht werden. Die, welche ein Verbrechen in vorübergehender Geistesstörung ausgeführt haben, gehören in gewöhnliche Irrenanstalten.

Die hier Unterzubringenden gehören zu den vermindert Zurechnungsfähigen. Die „mildernden Umstände“ und eine Kürzung der Freiheitsstrafe reichen nicht aus. Sie müssen nicht kürzer, sondern anders gestraft werden.

Diese Anstalten müssen von den Strafanstalten getrennt sein und nicht den Namen Strafanstalten führen.

§ 13. Anstalten für moralisch Defekte.

Der Staat wird die Gründung von passenden Anstalten für moralisch defekte, schädliche, geistig abnorme Menschen fördern.

Stoofs, von Liszts Angriffe auf die Zurechnungsfähigkeit. Z. Schw. Str. **9,** 417 ff.

Sieht man richtigerweise, wie es von Liszt früher auch tat, bei der Zurechnungsfähigkeit die sittliche Widerstandskraft, das Wort in jedem Sinne genommen, als das Entscheidende an, so wird auch eine verminderte Zurechnungsfähigkeit anzuerkennen und deren mildere Bestrafung zu begreifen sein, ebenso ihre Unterbringung in eine Heil- und Pflegeanstalt. Der eventuelle Anschlufs einer Strafzeit ist aber keine Inkonsequenz, sondern nur die Berücksichtigung des Interesses des Rechtsschutzes durch Strafe neben dem Interesse der Sicherung. Daher sind folgende Schlüsse gerechtfertigt:

1. Besafs der Täter zur Zeit der Tat das Mafs von Einsicht und sittlicher Widerstandskraft, das einem erwachsenen Menschen gewöhnlich eigen ist, so war er zurechnungsfähig.
2. War die Einsicht oder die sittliche Widerstandskraft aufgehoben durch Geisteskrankheit, Blödsinn oder Bewufstlosigkeit, so war er unzurechnungsfähig.
3. Befand sich der Täter zur Zeit der Tat in einem Zustande, der den Übergang von dem einen in den andern Zustand bildet, so war er vermindert zurechnungsfähig und milder zu bestrafen.
4. Ist der Täter gemeingefährlich oder pflegebedürftig, so ist er seinem Zustande gemäfs zu behandeln.
5. Eine Strafe darf gegen einen vermindert Zurechnungsfähigen, so lange diese Behandlung dauert, nicht vollzogen werden. Der Aufenthalt in der Irrenanstalt wird auf die Strafzeit angerechnet.

v. Lilienthal, Der Stoofssche Entwurf eines Schweizerischen Strafgesetzbuches. Z. ges. Str. **15,** 260 ff.

Es ist bedenklich, als Folge der verminderten Zurechnungsfähigkeit Strafmilderung nach freiem richterlichen Ermessen über das sonst zulässige Mafs zuzulassen. Es ist das ein ungerechtfertigtes und nicht ungefährliches Zugeständnis an die Vergeltungstheorie. Dies wird sich besonders bei den Zuständen der Bewufstlosigkeit zeigen.

Weniger wird dies bei den psychischen Entartungen der Fall sein. Hier ist die Gefahr der milderen Bestrafung wesentlich verringert durch die Zulassung der Unterbringung in Heil- und Pflegeanstalten. Hierin liegt sogar ein wesentlicher Fortschritt. Denn die Unterbringung in eine Irrenanstalt ist in solchen Fällen der Unterbringung in eine Strafanstalt wesentlich vorzuziehen.

Gegenüber der Zulässigkeit einer Bestrafung neben der Anstaltsunterbringung ist zu bemerken, dafs dieses vielleicht ein Zugeständnis an das öffentliche Rechtsbewufstsein ist; doch bleibt es eine Inkonsequenz, die tatsächlich auf Bestrafung von Personen hinausläuft, welche zur Zeit der Tat nicht normal, also auch nicht strafbar waren.

Strassmann, Lehrbuch der gerichtlichen Medizin. Stuttgart 1895. 590.

Da unser Strafgesetzbuch den Begriff der geminderten Zurechnungsfähigkeit nicht enthält, mufs der Sachverständige sich darauf beschränken, dem Richter die vorhandenen Abnormitäten darzulegen und zu zeigen, dafs dieselben die freie Willensbestimmung zwar nicht ausschliefsen, aber doch geeignet sind, dieselbe zu beeinträchtigen. Durch Zubilligung mildernder Umstände vermag der Richter dann diesen Umständen Rechnung zu tragen. Diese Möglichkeit müfste dem Richter bei allen Verbrechen gegeben sein.

Immerhin ist dieser Ausweg bedenklich, da auf diese Weise die vermindert Zurechnungsfähigen milder d. h. kürzer bestraft werden. Nicht eine kürzere Strafe ist aber hier angebracht, denn die vermindert Zurechnungsfähigen sind gewöhnlich gleichzeitig besonders gefährlich, sondern eine besondere der abnormen Persönlichkeit Rechnung tragende individualisierende Behandlung.

Gutsch, Wohin mit den geisteskranken Sträflingen? Bl. Gef. K. 9, 23.

Die Fälle, welche die Mittelstufe zwischen den sog. verbrecherischen Irren und den irren Verbrechern bilden, jene dunklen Psychosen und zweifelhaften Seelenzustände, die entweder in foro nicht genügend beachtet werden oder deren Vorhandensein zur Zeit der Tat nicht mit völliger Gewifsheit zu ermitteln sind, kommen in die Strafanstalten, wo sie den fruchtbaren Boden bilden, auf dem die Geisteskrankheiten der Sträflinge keimen und zu grofser Häufigkeit heranwachsen.

Man wünschte für diese, wie in England, besondere Strafanstalten zu errichten, in denen daneben auch die bei der Anklage geisteskrank Erfundenen und selbst diejenigen gefährlichen Irren aufgenommen werden, die eine Straftat begehen könnten. Auf Grund dieser ausgedehnten Zuweisung setzte man sich oft über die Schwierigkeiten der Zurechnungsfrage vor und nach der Verurteilung hinweg.

Zu befriedigenden Resultaten ist nur bei strenger Trennung beider Kategorien zu gelangen.

Festzuhalten ist dabei, dafs nicht allein die entschieden Geisteskranken, sondern alle durch irgend welche Disposition oder beginnende Krankheitsentwickelung Gefährdeten nicht ins Zuchthaus gehören, sondern in gesonderten Einrichtungen zu halten sind.

Bei den unendlichen Abstufungen des sich entwickelnden Verbrecherwahnsinns wird es klar, dafs mit dem abstrakten Begriffe der Geisteskrankheit nicht durchzukommen ist, und dafs diese und Zuchthaus sich nicht unbedingt ausschliefsen. Ihre Vereinigung ist durchführbar, indem man an Stelle systematischer Disziplin Pflege und Behandlung treten läfst, die vom Strafvollzug nur die Anwesenheit am Straforte übrig läfst. An diese Unterkunft den Mafsstab der Zurechnung anzulegen ist ungerechtfertigt, da er auch die Irrenanstalt zum Zuchthaus stempeln müfste, weil hier die Gefangenschaft fortdauern und der Sträfling sich als Gefangener fühlen würde. Es würde den „mildernden" Umständen, welche das St.G.B. für beschränkte Zurechnung statuiert, ein milderer Strafvollzug besser entsprechen, als ein gemildertes Strafverfahren.

Es empfehlen sich dafür Einrichtung von Irrenabteilungen in den Strafanstalten. Damit fallen bei der Aufhebung oder Unterbrechung des Strafvollzuges die infolge der Art der Krankheitszustände und ihres Nachweises schwer zu beantwortenden Fragen fort, ob die Gefangenen mit Defekten behaftet sind, welche das verbrecherische Bewufstsein keineswegs oder doch nicht in dem Mafse ausschliefsen, um eine Entfernung aus der Strafanstalt zu rechtfertigen. Die Übergabe an die Sträflingsirrenabteilungen bildet eine leichte und schnell zu bewerkstelligende administrative Mafsregel.

Hierbei werden auch die Eigentümlichkeiten des Verbrecherlebens und der sich danach gestaltenden Störungen berücksichtigt, indem die Herstellung milderer Gefangenschaftseindrücke ein heilendes Moment in sich schliefst. Aufserdem wird die verbrecherische Eigenschaft der Sträflinge nicht gänzlich aufser acht bleiben.

Es sind also Strafanstalten mit der Bestimmung zu errichten, invalide, zum regelmäfsigen Strafvollzug ungeeignete Sträflinge aufzunehmen. Mit ihnen sind allen neueren Anforderungen der Irrenpflege entsprechende Heil- und Pflegeabteilungen für Geisteskranke zu verbinden.

Delbrück, Wie sollen seelengestörte und gebrechliche, zu längerer Strafe verurteilte Gefangene untergebracht werden? (Gutachten.) Bl. Gef. K. **9,** 113 ff.

Die Klasse von Menschen, um die es sich hier handelt, sind teils geistesgestörte Sträflinge, welche schon, ehe sie in Seelenstörung verfielen, die Verbrecherlaufbahn begonnen haben und jedenfalls bei der letzten Verurteilung für zurechnungsfähig erachtet wurden, teils solche, welche schon vor ihrer Verurteilung vielleicht ihr ganzes Leben hindurch an zweifelhaften Gemüts- und Seelenzuständen, leichteren Formen von Seelenstörungen, Geistesschwäche usw. litten, aber trotzdem für wenigstens beschränkt zurechnungsfähig erachtet worden sind („irrsinnige oder schwachsinnige Verbrecher"). Sie sind praktisch und theoretisch nicht zu trennen.

Zu beachten ist, dafs die Krankheitszustände des Gehirns, durch welche die psychischen Funktionen mehr oder weniger erhebliche Störungen erleiden, sich erst allmählich entwickeln, die Zurechnungsfähigkeit erst beschränken und erst später dauernd oder vorübergehend ganz aufheben. Die Übergänge von der absoluten Geistesgesundheit in absolute Geisteskrankheit sind mannigfacher Art. Nur eine kleine Zahl der Personen, um die es sich hier handelt, sind dauernd unzurechnungsfähig; vielmehr ist bei den meisten der Seelenzustand derart, dafs er die Zurechnungsfähigkeit nur beschränkt (z. B. allgemeiner Schwachsinn) oder ein wechselnder ist, indem die Zurechnungsfähigkeit bald normal, bald mehr oder weniger beschränkt, bald ganz aufgehoben ist.

Diese krankhaften Seelenzustände kommen bei Sträflingen und Verbrechern häufiger vor, als in gewöhnlichen Verhältnissen; so vor allem Gehirnschwäche, Epilepsie, Hysterie usw. 5 % von Zuchthaussträflingen leiden an Seelenstörungen im weitesten Sinne des Wortes, wovon 1—1½ % als dauernd geisteskrank in Abzug kommen.

Insofern aber die Zurechnungsfähigkeit nicht dauernd oder vollständig aufgehoben ist, bleiben sie im wesentlichen — Verbrecher, in vielen Fällen selbst in weit vorgeschrittenen und unheilbaren Fällen von Geistesstörung. Bei ihnen entwickeln sich die schlechten Eigenschaften intensiver, und sie sind gefährlicher als vordem, doppelt gefährlich als Geisteskranker und als Verbrecher. Dies gilt nicht von allen, aber von vielen, namentlich von Eigentums- und Gewohnheitsverbrechern.

In Strafanstalten passen sie als Kranke nicht, die Irrenanstalten sind aber keine Strafanstalten. Es ist daher für Anstalten zu sorgen, welche beides sind. Am zweckmäfsigsten und am leichtesten ausführbar wäre es, mit einzelnen gröfseren Strafanstalten Irrenanstalten oder Irrenstationen zu verbinden, welche mit der Strafanstalt in ähnlichem Zusammenhange wie die Strafanstaltslazarethe stehen müssen. Jeder Verbrecher, welcher auch nur den leisesten Zweifel inbetreff seines geistiges Zustandes erregt, müfste in einer solchen mit einer Irrenstation verbundenen Strafanstalt seine Strafe verbüfsen.

Hiermit wäre allein praktisch die Frage der verminderten Zurechnungsfähigkeit zu lösen. Dann darf nur, wenn die volle Unzurechnungsfähigkeit festgestellt wird, Freisprechung und Straflosigkeit erfolgen. Andererseits wäre die grofse Härte beseitigt, die in der gleichen Behandlung des beschränkt Zurechnungsfähigen und des geistig normalen Verbrechers liegt, und die Nutzlosigkeit der Strafvollstreckung, die auf einen solchen Menschen höchstens verschlechternd wirkt. Die wahre Milderung der Strafe ist in solchen Fällen nicht die Abkürzung der Strafe, sondern die Modifikation der Strafvollstreckung, die sowohl ein moralisches Besserungsmittel, als auch ein Heilmittel für den geisteskranken, bezw. geistesschwachen Verbrecher ist.

Delbrück, Die pathologische Lüge und die psychisch-abnormen Schwindler (Stuttgart 1891).

5/6. So lange der Begriff der verminderten Zurechnungsfähigkeit in der Gesetzgebung nicht existiert, wird dem Sachverständigen natürlich immer die Frage des entweder — oder gestellt. Da man sich nun in manchen Fällen nach seiner persönlichen Überzeugung weder für das Eine noch für das Andere entscheiden kann, so kommt man in die unangenehme Lage, sein Gutachten entgegen der eigenen Überzeugung abzugeben und hat dann nur die Wahl des geringeren von zwei Übeln. Welches aber das geringere Übel ist, diese Frage ist unter Umständen sehr schwierig, und es ist sehr leicht möglich, dafs sich zwei Sachverständige im konkreten Falle in verschiedenem Sinne äufsern. Diese Verschiedenheit der Ansichten wird dann aber natürlich als absoluter Gegensatz erscheinen und notwendiger Weise werden Richter und Publikum annehmen, dafs sich der eine der Sachverständigen absolut geirrt hat.

Die Verwirrung, welche hierdurch entsteht, wird nun noch durch folgenden Umstand erhöht. Da man in der Psychiatrie neuerdings immer mehr und mehr zu der Überzeugung gelangt, dafs jede verbrecherische sowie jede gute Handlung nicht frei, sondern bedingt ist, und dafs die Handlungen aller Gewohnheitsverbrecher auf krankhafter, d. h. abnormer Gehirnorganisation beruhen, so neigen manche Sachverständige dazu, sich in Fällen zweifelhafter Geistesstörung womöglich für letztere zu entscheiden. Dabei, meint man nun, werde die Gesellschaft nicht in genügender Weise gegen die Schädigung von Seiten der Verbrecher geschützt und aufserdem das öffentliche Rechtsgefühl verletzt. Deshalb glauben manche Sachverständige, die Psychiatrie gerate durch derartige Gutachten in Mifskredit und neigen mehr zu dem entgegengesetzten Verfahren, nämlich, sich in allen zweifelhaften Fällen für geistige Gesundheit auszusprechen. Dabei liegt nun die Gefahr vor, dafs der Sachverständige, ohne es zu wollen, zur Bekräftigung seiner Beweisführung die Darstellung des Krankheitsfalles unbewufst färbt — auf der andern Seite krankhafte Symptome herausfindet, die nicht oder doch nicht in dem Grade, wie geschildert, vorliegen. (S. 7.) Dadurch kommen denn mitunter scheinbar sehr entgegengesetzte Gutachten zu Stande. Die Schuld liegt aber nicht allein auf ihrer Seite, sondern zum grofsen Teil an der völlig unzweckmäfsigen Fragestellung von Seiten der Gerichte.

Alle diese Verhältnisse würden sich erheblich bessern, wenn eine Ansicht darüber rückhaltlos zur Geltung kommen würde, welche in manchen Bestimmungen der Gesetzgebungen bereits ihren Ausdruck findet, aber eben nur in unbestimmter Form, nämlich die, dafs die Zurechnungsfähigkeit ein ganz relativer Begriff ist. Diese Ansicht liegt z. B. dem Begriffe der „verminderten Zurechnungsfähigkeit", welche sich wenigstens in einigen Gesetzgebungen findet, sowie den Bestimmungen über jugendliche Personen zu Grunde.

Die Wissenschaft hat bereits ziemlich allgemein die Lehre von der absoluten Freiheit des Willens aufgegeben; auch die Juristen beginnen sich mit der Unfreiheit des Willens zu befreunden und glauben dabei nicht mehr an Strafe und Strafrecht verzweifeln zu müssen.

10. Das moderne Strafrecht hat sehr nachdrücklich das Zweckmoment in der Strafe betont. Zweifellos sind Besserung und Sicherung zwei wesentliche Zwecke der Strafe. Verfolgt man nun eine

Reihe von Verbrechern vom zweifellos Zurechnungsfähigen bis zum Unzurechnungsfähigen, so wird man vom psychiatrischen Standpunkt aus zugeben müssen, dafs in dem Grade, als der Zweck der Besserung in der Reihe aufser Betracht kommt, der Zweck der Sicherung an Bedeutung zunimmt. Vom Zweckmäfsigkeitsmoment aus betrachtet, wird also die Notwendigkeit einer Strafe bei mehreren in der Reihe aufeinanderfolgenden Grenzfällen in gleichem Grade vorliegen. Es ist daher durchaus unrichtig, bei „verminderter Zurechnungsfähigkeit", wie man vielfach geneigt ist, „mildernde Umstände" anzunehmen.

11. Ein wesentlicher Unterschied zwischen dem sogenannten moralisch schlechten Menschen und dem an moral insanity leidenden ist schlechterdings nicht zu erkennen. Beide sind in gleichem Grade verabscheuungswürdig und bedauernswert. Deshalb ist es gleichgiltig, ob die Anstalt, in der man einen solchen Menschen unterbringt, „Zuchthaus", „Korrektionsanstalt" oder „Irrenanstalt" heifst. Für die Wahl der betreffenden Anstalt dürfte nur in Frage kommen, wo die bezüglichen Zwecke der eventuellen Besserung des Verbrechers und der gröfstmöglichen Sicherung der Gesellschaft am besten erfüllt werden können.

von Liszt, Die strafrechtliche Zurechnungsfähigkeit. Z. ges. Str. 17, 70 ff.

I. Gegen die Auffassung der Zurechnungsfähigkeit als normale Bestimmbarkeit durch Motive machen sich zwei Bedenken geltend.

1. Was ist normale Bestimmbarkeit?
2. Ist die Motivierbarkeit des Täters als Voraussetzung für die Verhängung der Strafe zu verwerten?

II. Von der geistigen Unreife zur vollen geistigen Entwicklung führen viele Übergänge (Alkoholiker, Morphinist, sozialer Neurastheniker). Der für diese Übergänge geprägte Begriff der verminderten Zurechnungsfähigkeit umschreibt das rechtlich anerkannte Herrschaftsgebiet der Juristen. Der vermindert Zurechnungsfähige ist zurechnungsfähig. Hat der vermindert Zurechnungsfähige durch die Begehung eines Verbrechens seine Gemeingefährlichkeit bewiesen, so ist seine Verwahrung in einer Anstalt zur Sicherung der Gesellschaft notwendig. Name der Anstalt ist, abgesehen von dem Namen der „Strafanstalt", gleichgiltig.

III. Bei der Fassung der Zurechnungsfähigkeit als normale Bestimmbarkeit durch Motive ist eine Unterscheidung der Sicherungsstrafe gegen unverbesserliche Gewohnheitsverbrecher von der Verwahrung unheilbarer und zugleich gemeingefährlicher Geisteskrankheit nicht zu finden. Der Strafvollzug gestattet allerdings eine gewisse Differenzierung. Ihre Berechtigung kann sie nicht auf die Zurechnungsfähigkeit stützen, denn der unverbesserliche Verbrecher ist nicht zurechnungsfähig. Die Unterscheidung ist demnach nicht nur praktisch undurchführbar, sie ist auch grundsätzlich zu verwerfen.

Für den Gesetzgeber ist Vorsicht am Platze. Das Werturteil des Volkes wird in erster Linie nicht durch die antisoziale Bedeutung der Tat, sondern durch die überlieferten individual-ethischen Anschauungen bestimmt. Sie verlangen Scheidung von Verbrechen und Wahnsinn, von Zuchthaus und Irrenanstalt, wenigstens heute!

Ferri, La Sociologie criminelle, 1893, 285—290.

Die klassische Schule wird, durch die Fortschritte der Kriminal-Biologie und der Kriminal-Soziologie, dazu gezwungen, die Anzahl der Fälle zu verringern, wo die Freiheit eine vollkommene gewesen ist, mehr und mehr eine verminderte Zurechnungsfähigkeit zu erkennen, und infolgedessen, die Strafe immerfort zu mildern; schon ist in Frankreich der Vorschlag gemacht, dafs „sehr mildernde" Umstände eintreten könnten. — Diese kurzen Strafen haben, für den Kampf gegen das Verbrechen, keinen Wert, umsomehr als die anormalen Verbrecher die gefährlichsten sind, und als eben diese, wenn die Theorie der verminderten Zurechnungsfähigkeit in Anwendung kommt, am wenigsten bestraft werden.

Prins, Science pénale et droit positif, 1899, 236—237.

Die verminderte Zurechnungsfähigkeit führt zu kurzen Strafen für die Individuen, welche, infolge einer Geisteskrankheit, die gefährlichsten sind; dadurch wird die soziale Sicherheit vermindert.

Es wäre besser, besondere Anstalten zu gründen, in welchen man die anormalen Verbrecher, nach ihrem psychischen Zustande und der Schwachheit ihres Willens einsperren sollte.

Camuset, Contribution à l'étude médico-légale de la pyromanie. — Ann. Méd. Psych.; 7. Reihe, **18**, **447**.

Die Verbrecher, deren Zurechnungsfähigkeit vermindert ist, sollten nicht eine verminderten Strafe geniessen. Sie können nicht in sich selbst Gründe finden um gut zu handeln, und die Furcht der Abstrafung ist das einzige, das bei ihnen wirkt; man sollte sie deshalb mit einer strengeren Strafe bedrohen.

Legrain, Arch. Anthr. Crim. **9**, 18—26.

Als Folge des Begriffs der verminderten Zurechnungsfähigkeit, sollte man Anstalten gründen, welche zwischen dem Gefängnis und Zufluchtsort stehen würden, wo man Besserungsmethoden anwenden könnte. Die Dauer der Einsperrung würde nach der Möglichkeit eines Rückfalles und nach der wahrscheinlichen Dauer der Schädlichkeit gerechnet. Die definitive Entlassung würde nur nach provisorischen Entlassungen und auf Grund gerichtlich-medizinischer Gutachten stattfinden.

Gretener, Die Zurechnungsfähigkeit als Gesetzgebungsfrage. Berlin 1897.

183. Was Art und Mafs der gebotenen Strafmilderung anbetrifft, so haben einzelne Strafgesetzbücher für alle Fälle der verminderten Zurechnungsfähigkeit die Strafe des Versuchs angedroht. Diese Strafbestimmung ist aber nicht nur willkürlich, sondern mufs auch für gewisse Fälle zu hart erscheinen, da es sich zum Teil um dauernde Zustände, wie Schwachsinn, Taubstummheit, mangelhafte Entwicklung handelt, welche auch im Falle der Bejahung der Schuldfähigkeit keine härtere Behandlung rechtfertigen, wie diejenige der Jugendlichen im Alter unter 18 Jahren. Es verdient auch die Frage Erwähnung, ob nicht für solche Fälle in Analogie der Behandlung Jugendlicher statt der ordentlichen Strafmittel, andere zugleich auf Erziehung und Pflege gerichtete Strafen zur Anwendung gebracht werden können. Es handelt sich in jedem Falle um Mafsregeln, die zugleich Strafcharakter tragen, nicht um reine Verwaltungsmafsnahmen. Die Verhängung derselben mufs durch Urteil des Strafrichters erfolgen.

Cramer, Neur. Cbl. **17**, 1016 (Referat).

Das praktische Bedürfnis, für Fälle moralischer Idiotie eine besondere Gesetzgebung zu schaffen, ist nicht so grofs, wie es auf den ersten Anblick scheint. Es deckt sich diese Frage ungefähr mit der Frage nach der geminderten Zurechnungsfähigkeit; vielleicht könnte die Ausdehnung der bedingten Strafaussetzung auf Erwachsene hier noch Erleichterungen schaffen.

Mendel, Neur. Cbl. **17**, 1016.

Ein Bedürfnis zur Einführung der verminderten Zurechnungsfähigkeit in das Strafrecht liegt nicht vor, vielmehr besteht für den Fall der Einführung die Gefahr, dafs dann mancher unzweifelhaft Geisteskranke, der jetzt auf Grund des § 51 freigesprochen, unter Annahme der verminderten Zurechnungsfähigkeit verurteilt wird. Der Schwerpunkt für die für die sogenannte verminderte Zurechnungsfähigkeit in Betracht kommenden Fälle liegt nicht darin, dafs die D a u e r der Strafe eine kürzere ist, sondern darin, dafs für diese Fälle der Strafvollzug ein anderer, als bei geistig normalen Verbrechern sein mufs.

Ilberg, Z. Ps. **56**, **476** ff.

Es gibt Fälle, in denen deutliche Zeichen psychischer Abnormität nachweisbar sind, während die freie Willensbestimmung nicht ausgeschlossen ist. Solche psychopathisch minderwertigen Personen, die auf der Grenze von geistiger Gesundheit und Krankheit stehen, werden momentan ganz verschieden behandelt. In zweifelhaften Fällen werden sich der Arzt und der Verteidiger eher für Geisteskrankheit, der Staatsanwalt eher für Zurechnungsfähigkeit aussprechen. Das führt natürlich zu Unzuträglichkeiten. Die betreffenden geistig Minderwertigen sind erregbarer als andere Menschen; sie denken meist mehr an ihr eigenes Wohlbefinden, als an das Recht des Nächsten, sie haben kein Pflichtbewufstsein; bei aller intellektueller Tätigkeit tritt rasch Ermüdung ein. Für solche sind die mildernden Umstände nicht angebracht, wohl aber müfste man sie mit den Minderjährigen auf eine Stufe stellen.

In Italien hat man für solche Leute besondere Anstalten, in denen eine mildere Disziplin herrscht, auch bei uns täten solche Anstalten not. Man darf hierbei nicht aufser Acht lassen, dafs man mit einem Aufenthalt in solchen Anstalten nicht den Begriff einer solchen Entehrung verbindet, wie bei den Strafanstalten.

Weingart, Die verminderte Zurechnungsfähigkeit. Z. ges. Str. **19,** 133 ff.

Nach eingehender Prüfung hat die Dresdener forensisch-psychiatrische Vereinigung geglaubt, folgende Bestimmungen als Ergänzung zu § 51 des deutschen Strafgesetzbuchs vorschlagen zu sollen. Vgl. Weber, Arch. Ps. **31,** 912.

§ 51a.

Hat sich der Täter zur Zeit der Begehung der Tat in einem Zustande befunden, in dem seine freie Willensbestimmung zwar nicht ausgeschlossen, aber erheblich beschränkt war, so sind gegen ihn die Vorschriften in § 57 Absatz 1 Ziffer 1 bis 4 anzuwenden.

Besteht dieser Zustand der verminderten Zurechnungsfähigkeit zur Zeit des Beginns der Strafvollstreckung noch fort, so ist, wenn nicht alsbaldige Änderung des Zustandes in Aussicht steht, eine erkannte Freiheitsstrafe in besonderen, zur Vollstreckung von Strafen an Personen verminderter Zurechnungsfähigkeit bestimmten Anstalten oder Räumen zu vollziehen.

Dieselben Vorschriften sind anzuwenden, wenn nach Begehung der Tat ein zur Zeit des Beginns der Strafvollstreckung noch vorhandener Zustand der verminderten Zurechnungsfähigkeit eingetreten ist.

Der Strafvollzug an Personen verminderter Zurechnungsfähigkeit hat nach besonderen, dem Zustande entsprechenden, insbesondere auf Besserung des Zustandes berechneten Vorschriften zu erfolgen.

Ist der Zustand der verminderten Zurechnungsfähigkeit ein andauernder oder seiner Natur nach wiederkehrender, und hat der Täter durch wiederholte Bestrafungen Anlafs zu der Befürchtung gegeben, dafs er nach Verbüfsung der erkannten Strafe weitere Straftaten begehen werde, so kann neben einer Freiheitsstrafe zugleich erkannt werden, dafs der Verurteilte nach Verbüfsung der erkannten Strafe dem Vormundschaftsgerichte zu überweisen sei. Durch die Überweisung erhält das Vormundschaftsgericht die Befugnis, ihn so lange in einer besonderen, zur Aufnahme von Personen verminderter Zurechnungsfähigkeit bestimmten Anstalt unterzubringen, als die Befürchtung, dafs er wieder Straftaten begehen werde, fortbesteht. Gegen Ausländer kann statt der Überweisung an das Vormundschaftsgericht auf Überweisung an die Landespolizeibehörde erkannt werden. Diese erhält dadurch die Befugnis, die Verweisung aus dem Bundesgebiete zu verfügen.

Folgende Erwägungen waren hierbei mafsgebend:

I. Die Strafen, die nunmehr in den Fällen, in denen das Gesetz mildernde Umstände nicht nachläfst, zu verhängen sind, erscheinen für die vermindert Zurechnungsfähigen wenigstens teilweise zu hoch. Denn bei ihnen ist die Willensschuld geringer. Es erscheint daher gerechtfertigt, die gemindert Zurechnungsfähigen auch bezüglich der Strafen mit den Jugendlichen auf eine Stufe zu stellen. Nicht jede geistige Störung oder Abnormität, nicht jede Trübung des Bewufstseins genügt, um eine Milderung der Strafe zu rechtfertigen; es mufs vielmehr eine gewisse Erheblichkeit, ein gewisser Grad der geistigen Störung oder Bewufstseinstrübung vorliegen. Ein dauernder Zustand ist nicht notwendig. Es genügt psychologische Abnormität zur Zeit der Tat.

Es empfiehlt sich mildere Bestrafung, nicht milderer Strafvollzug. Man wird davon ausgehen müssen, dafs die Strafe in erster Linie eine Vergeltung und Sühne des begangenen Unrechts sein soll, und dafs es ungerecht sein würde, da, wo die Willensschuld geringer ist, doch eine gleich hohe Strafe wie beim voll Zurechnungsfähigen zu verhängen, blofs weil man damit mehr Aussicht hat, ihn zu bessern. Aufserdem empfiehlt sich aus gesetzestechnischen und praktischen Erwägungen, verminderte Zurechnungsfähigkeit als allgemeinen Strafmilderungsgrund einzuführen. Deshalb ist auch Zulassung des Verweises für leichtere Fälle zu empfehlen; dagegen dürfte es im Gegensatz zu den Jugendlichen zweckmäfsig sein, die Ehrenstrafen nicht ganz auszuschliefsen.

II. Bei dauernder verminderter Zurechnungsfähigkeit ist der Strafvollzug zu ändern. Denn die Disziplin der Strafanstalt mufs so streng gehandhabt werden, dafs sie die Schwächen des einzelnen nur wenig berücksichtigen kann. Sie regt die belastet Minderwertigen auf, reizt sie, verbittert sie; sie verfallen infolgedessen häufig in Disziplinarstrafen, die sie mit ihrem empfindlichen reizbaren Wesen nicht vertragen.

Das Volksbewufstsein würde es verletzen, wenn man diese mit Strafe verschonen würde. Dagegen erscheint eine Änderung nach Absatz 2—4 des vorgeschlagenen § 51a geboten. Die betreffenden Gefangenen müfsten so behandelt werden, dafs ihr Zustand hierdurch nicht verschlimmert, sondern gebessert und wenn möglich, geheilt wird. Psychiatrisch gebildeten Ärzten wäre ein genügender Einflufs bei Behandlung solcher Gefangenen einzuräumen; Arbeitszwang müfste unterbleiben, aber Anregung zur Arbeit gegeben werden. Soweit für solche Gefangene nicht besondere Strafanstalten eingerichtet werden können, sind sie in gesonderten Räumen zu halten.

III. Da durch die kürzere Strafe und ihren gelinderen Vollzug diese weniger für die Zukunft abschreckend wirken kann, ist bei den Entarteten, die zum Rückfall neigen, dafür zu sorgen, dafs sie auch nach der Entlassung aus der Strafanstalt verhindert werden, durch weitere Straftaten die menschlische Gesellschaft zu belästigen. Ähnliche Mafsregeln wie in § 362 Abs. 2 R.St.G.B. sind einzuführen, die Unterbringung hat hier auf unbestimmte Zeit zu erfolgen, und man wird der Behörde (Vormundschaftsgericht) die Befugnis zusprechen müssen, auch unter Berücksichtigung des Wohles der Untergebrachten sie so lange festzuhalten, als die Befürchtung für neue Straftaten besteht.

Bei Ausländern wäre statt Unterbringung in einer Anstalt, Ausweisung aus dem Reichsgebiete vorzuziehen.

Wollenberg, Z. Ps. **56,** 630.

Die Einführung der geminderten Zurechnungsfähigkeit hätte zur Voraussetzung eine entsprechende Änderung des Strafvollzugs, eine qualitativ andere Behandlung des minderwertigen Verbrechers.

Liepmann, Z. Ps. **56,** 635 f. bringt drei Punkte in Vorschlag. (Vgl. **Pelman,** Die geminderte Zurechnungsfähigkeit. 15):

1. Dafs es Zwischenzustände gibt, die weder als Zurechnungsfähigkeit noch als Unzurechnungsfähigkeit zu bezeichnen seien;

2. dafs die gegenwärtige Gesetzgebung derartige Zustände nicht berücksichtigt. Vor allem dürfte man sich nicht auf das Institut der mildernden Umstände berufen, denn einmal seien diese keineswegs für alle Delikte zugelassen, und zweitens erscheine es durchaus verkehrt, in solchen Fällen ausnahmslos auf mildere Strafe zu erkennen, da der verminderten Schuldfähigkeit sehr häufig gesteigerte soziale Gefährlichkeit entspreche;

3. dafs die blofse Zuerkennung einer Strafe hier überhaupt wenig helfe, dafs vielmehr die staatliche Reaktion gegen das Verhalten vermindert Zurechnungsfähiger qualitativ andere Mafsregeln neben oder an Stelle der Strafe erfordere.

Mendel, Über geminderte Zurechnnngsfähigkeit. Ps. W. **1** 7 ff.

Es läfst sich auf dem Boden des jetzigen Strafgesetzbuchs und mit Rücksicht auf die Verhältnisse, unter welchen augenblicklich der Strafvollzug sich befindet, etwas tun. Es müfste eine psychiatrische Untersuchung in der Strafanstalt selbst eingeführt und zu diesem Zweck eine Kommission von Psychiatern ernannt werden.

Die Kommission würde dann nach Feststellung des psychischen Zustandes diejenigen Grundsätze festzustellen haben, nach welchen der Strafvollzug bei den geistig nicht normalen Gefangenen durchzuführen wäre. Findet sich, wie in jeder gröfseren Strafanstalt zu erwarten, eine gröfsere Anzahl solcher Personen, welche vermöge ihres geistigen Zustandes eine andere Behandlung verlangen, so wird eine besondere Abteilung der Strafanstalt für dieselben einzurichten sein. Eine solche Kommission würde die wichtige Aufgabe erfüllen können, jene Personen für die Zukunft unschädlich zu machen, welche geisteskrank aus der Strafanstalt entlassen, eine Gefahr für die Allgemeinheit bieten, bald wieder eine neue Straftat zu begehen und erst nach Begehung dieser Handlung wieder interniert werden.

Mendel, Cbl. Nervheilk. **21,** 644.

Die ausgedehnte Anwendung des Begriffes der verminderten Zurechnungsfähigkeit birgt insofern eine Gefahr in sich, als wirklich Geisteskranke in Fällen, wo die Diagnose sich nicht ganz scharf stellen läfst, für vermindert zurechnungsfähig erklärt und somit bestraft werden. Die bedingte Verurteilung wäre hier entschieden vorzuziehen.

Cramer, Die Behandlung der Grenzzustände in foro nebst einigen Bemerkungen über geminderte Zurechnungsfähigkeit. Berl. klin. Wschr. 1900, S. 1053f, 1096ff. bes. (Vgl. Arch. Ps. **34,** 321.)

1100. Die Zahl der Fälle, denen durch das Nichtvorhandensein einer geminderten Zurechnungsfähigkeit im St.G.B. ein Unrecht geschieht, ist nicht so grofs, als es auf den ersten Anblick scheint.

Dafs durch einen Paragraphen, der die gemindert Zurechnungsfähigen milder bestraft, wie die jugendlichen Verbrecher, etwas erreicht wird, erscheint zweifelhaft. Gröfseren Erfolg hat der von Weber gemachte Vorschlag der Ausdehnung der bedingten Begnadigung und Strafaussetzung auch auf die Erwachsenen. Hierdurch würde man einmal erreichen, dafs bei vielen Individuen die drohende Straftat einen Teil der aus pathologischen Gründen fehlenden Hemmungen ersetzt und weiterhin wäre die Möglichkeit gegeben, eine in ihrer Entwickelung stehende geistige Erkrankung, ohne dafs der Kranke die Strafe verbüfst, noch nachzuweisen, weil sie im Laufe der Zeit deutlicher wird.

Aschaffenburg, Die verminderte Zurechnung. Ärztl. Sachv. Z. 5, 397f.

400. Für die Grenzfälle müfsten eigene Anstalten geschaffen werden, in denen eine systematische Erziehung und Ausbildung, Gewährung an Tätigkeit, Abgewöhnung bedenklicher Neigungen wie z. B. der Trunksucht, unter Beteiligung von Lehrern und Ärzten erstrebt werden müfste, aus den haltlosen abnormen Menschen brauchbare Mitglieder der menschlichen Gesellschaft zu machen; scheint das unmöglich, so wird sich eine lebenslängliche Aussonderung aus dem öffentlichen Leben so wenig umgehen lassen, als bei den wirklich Geisteskranken.

Jetzt wird der vermindert Zurechnungsfähige schon nach kurzer

Zeit als ein Gesunder wieder in die Welt hinausgestofsen, ebenso unfähig wie vorher, seinen Neigungen zu wiederstehen; eine dauernde Gefahr für die Mitwelt. Wären unsere Forderungen erreicht, so würde die Gesellschaft so lange vor ihm geschützt bleiben, als sein Zustand eine Zurückhaltung und Behandlung in der für ihn passenden Anstalt notwendig macht.

1. Neben ausgesprochenen Geisteskranken bestehen zahlreiche Zustände psychischer Veranlagung, durch welche die Handlungen der betreffenden Individuen erheblich beeinflufst werden, die aber nicht unter den § 51 St.G.B. fallen.

2. Es müssen strafrechtliche Bestimmungen getroffen werden, die dieser Tatsache Rechnung tragen.

3. Die Behandlung solcher Kranken hat nicht in Gefängnissen, sondern in eigenen Anstalten zu geschehen, deren Art der Individualität des Täters und seiner Krankheit angepafst sein mufs.

Aschaffenburg, Die verminderte Zurechnungsfähigkeit. Arch. Ps. **32,** 679.

Verf. kann nicht anerkennen, dafs die „mildernden Umstände" einen Ersatz für die „verminderte Zurechnungsfähigkeit" bilden, besonders da über die ersteren nur der Richter entscheidet. Mit vollem Rechte wird daher für die vermindert Zurechnungsfähigen nicht eine Verkürzung der Strafe verlangt, sondern eine andersartige Behandlung.

Eine grofse Anzahl von Strafgesetzbüchern deutscher Staaten (Bayern, Sachsen, Hessen) enthielten vor der Schaffung unseres deutschen Str.G.B. Bestimmungen über verminderte Zurechnungsfähigkeit. Vor allem aber erkennen alle neueren Strafgesetzbücher nicht nur diesen Begriff an, sondern haben auch diesen Zuständen in der gewünschten Weise Rechnung getragen, indem sie für diese Individuen ein andersartiges Strafsystem einführen. Verf. verweist besonders auf die Case di custodia des italienischen Str.G.B., die vorzüglichen Bestimmungen des Entwurfes eines Schweizer Str.G.B. von Stoos und endlich auf den norwegischen Strafgesetzentwurf, durch welchen dem Arzt die Bestimmung des Entlassungstermines bei vermindert Zurechnungsfähigen zugeteilt wird.

Olrick, Studien über die strafrechtliche Zurechnungsfähigkeit. Z. ges. Str. **18,** 583.

Wenn Zurechnungsfähigkeit Ausdruck der Erfüllung gewisser sozialer Ansprüche ist, mufs in jedem Gebiete, wo solche sich geltend machen, Zurechnungsfähigkeit entweder vorliegen oder nicht.

Nur auf strafrechtlichem Gebiete gebraucht man eine verminderte Zurechnungsfähigkeit. Anschliefsend hieran erhebt sich die Frage nach der Notwendigkeit besonderer Änderungen der Strafe. Die Modifikation der Strafe, deren Notwendigkeit den Umständen nach angedeutet wird, sprengt den Strafrahmen. Der

Vorschlg von **Liszts**, als Anfang in dieser Richtung die Sicherungsstrafe für unverbesserliche Gewohnheitsverbrecher einzuführen, verkennt die Tiefe der Volksauffassung. Die Unterscheidung der Zurechnungs- und der Unzurechnungsfähigkeit ist Ausdruck einer Grundbedingung der Gesellschaft, die von der Entwickelung innerhalb verhältnismäfsig kurzer Zeit nicht umgestofsen werden kann.

Bremme, Z. med. B. **11**, 429.

Bei zweifelhaften Geisteszuständen können statt der Gefängnisse Korrigendenanstalten in Betracht kommen. Der Richter müfste bei zweifelhaften Geisteszuständen auf temporäre Internierung in Irrenanstalten erkennen können.

v. **Krafft-Ebing**, Lehrbuch der gerichtlichen Psychopathologie, 163.

Solche Entartete (moralisch Schwachsinnige) haben kein Recht und keine Fähigkeit, in der bürgerlichen Gesellschaft zu existieren; sie sind in hohem Grade gemeingefährlich; sie sind es auf Lebensdauer; denn gegenüber ihrer organischen Störung erweist sich die ärztliche Kunst machtlos. Man halte sie hinter Schlofs und Riegel auf Lebenszeit, aber man brandmarke sie nicht als Verbrecher; sie sind Unglückliche, die Mitleid verdienen.

227. Chronische Alkoholisten gehören in eine polizeiliche Verwahranstalt.

Rosenfeld, Der dritte internationale Kriminalanthropologen Kongrefs, Z. ges. Str. **13**, 161. Voten:

1. Aus medizinischen wie aus strafrechtlichen Gründen ist die Schaffung von Spezialasylen, die sich von den Gefängnissen, wie von den Irrenanstalten unterscheiden, zu befürworten.

2. Es ist wünschenswert, dafs in allen Ländern eine ärztliche Untersuchung der Gefangenen auf ihren Geisteszustand, wie sie in Belgien organisiert ist, eingeführt werde.

3. Es ist wünschenswert, dafs die bei den Strafakten befindlichen Personalnotizen eine Ergänzung durch Erhebungen über physiologische, psychische und moralische Persönlichkeit des Beschuldigten erfahren, damit der Richter und der Verteidiger über die Nützlichkeit einer etwaigen gerichtsärztlichen Untersuchung sich schlüssig machen kann.

Liepmann, Einleitung in das Strafrecht, Berlin 1900, fafst seine Erörterungen über verminderte Zurechnungsfähigkeit, 108 ff. in folgende These:

Wenn auch die Beibehaltung der scharfen Differenzierung unserer Strafgesetze zwischen Zurechnungsfähigkeit und Unzurechnungsfähigkeit durch die bestehenden Werturteile gerechtfertigt ist und auch aus Gründen der sozialen Wohlfahrt notwendig erscheint, so empfiehlt sich anderseits, für die Grenzgebiete der Zurechnungsfähigkeit bei verminderter Schuldfähigkeit, aber starker sozialer Gefährlichkeit quantitativ andersartige gesetzliche Mafsregeln der Prävention und Sicherung neben oder anstatt der Strafe vorzusehen.

Bonhöffer, Ein Beitrag zur Kenntnis des grofsstädtischen Bettel- und Vagabondentums. Z. ges. Str. **21,** 1 ff.

Wenig Besserung verspricht die Einführung des Begriffes der verminderten Zurechnungsfähigkeit. Einmal werden die vermindert Zurechnungsfähigen schwerlich in geeignete Anstalten gebracht werden, zweitens wäre eine Auslese derselben nur bei Zuziehung eines psychiatrisch geschulten Arztes zu fast allen Strafverhandlungen (auch Bagatellsachen) notwendig.

Eine Änderung ist nur durch Umgestaltung des Strafvollzuges selbst möglich. Allerdings verzichtet man damit bei Anerkennung der verminderten Zurechnungsfähigkeit auf die urteilsmäfsige Anerkennung der verminderten Schuld. Doch würde damit dem auf „Sühne gerichteten Selbstbewufstsein“ entsprochen.

Der Hauptnachdruck wird von psychiatrischer Seite auf eine gewisse Dehnbarkeit des Strafvollzuges zu legen sein und zwar in dem Sinne einer erleichterten Entnahme solcher Individuen in eine für den psychopathischen Zustand geeignete Umgebung. In Preufsen werden bereits schon psychopathische, dem Strafvollzuge sich schlecht anpassende Individuen in den an den einzelnen Anstalten bestehenden Irrenabteilungen, die freiere Behandlungsmöglichkeit gewähren, während der Dauer der Strafzeit untergebracht.

Nutzbringend wäre auch die Aufhebung der Strafe und wie bei geisteskranken Gefangenen Überweisung an die Gemeinde, bez. den Armenverband.

Die Detentionsdauer müfste in diesen Anstalten vom psychischen Zustande und von der Wahrscheinlichkeit der geordneten selbstständigen Existenzmöglichkeit abhängig gemacht werden.

Ebenso wäre eine einfache Asylierung der chronischen Alkoholisten auf dem Verwaltungswege zu befürworten.

v. Kallina, Die Versammlung des Vereins der deutschen Strafanstaltsbeamten in Nürnberg. Z. ges. Str. **22,** 99.

In seiner Tagung vom 29. Mai bis 1. Juni 1901 hat der Verein auf die III. Frage:

> Welche besonderen Einrichtungen sind in den Strafanstalten für Epileptiker zu treffen?
>
> Sollen sie von den übrigen Gefangenen getrennt — beisammen in gesonderten Abteilungen — dürfen sie in Einzelhaft gehalten werden?
>
> Welche Arten von Beschäftigung empfehlen sich für sie?

folgende Thesen aufgestellt:

1. Epileptische Gefangene mit geistiger Störung jeder Art müssen dem Irrenhaus, eventl. einer Anstalt für epileptische Irre überwiesen werden.

2. Epileptische Gefangene mit seltener eintretenden Anfällen ohne geistige Störung können in gemeinsamer Haft bleiben und sind der Hausordnung unterworfen.
3. Epileptische Gefangene mit gehäufteren Anfällen, seien diese Unfälle typischer Natur oder als epileptische Störungen auftretend, müssen von den übrigen Gefangenen abgetrennt in der Spitalabteilung oder besser auf der Invalidenabteilung verwahrt werden.
4. Halten der epileptischen Gefangenen in der Einzelhaft ist in allen Fällen ausgeschlossen.
5. Bei der Beschäftigung von epileptischen Gefangenen sind alle Beschäftigungsarten zu vermeiden, welche ihnen Gefahren bereiten können, wenn sie von dem Anfalle betroffen werden.

   Es sind alle schweren körperlichen Überanstrengungen und alle Betriebsarten zu vermeiden, wie Beschäftigungen am Feuer, am Wasser und mit maschinellen Motoren. Am geeignetsten sind für diese Gefangenen leichte Arbeiten im Sitzen, Stehen und ganz vornehmlich landwirtschaftliche oder sonstige Arbeiten im Freien.

Die Thesen 1, 2, 5 wurden angenommen, Ziffer 3 und 4 abgelehnt.

Berze, Gehören gemeingefährliche Minderwertige in die Irrenanstalt? Wiener Med. W. 1901, Sp. 1252 ff.

Psychiater und Juristen halten eine grofse Gruppe von psychopathisch Minderwertigen für geeignet zur Bestrafung; damit ist eo ipso gesagt, dafs die Irrenanstalt nicht die Stätte für ihre Verwahrung sein kann. Der Staat erfüllt seine Pflicht nicht, wenn er nicht für die Möglichkeit sorgt, dafs an den Minderwertigen die „korrektionelle Strafe“ in besonderen Anstalten vollzogen werde. Man verlangt „Strafabsonderungshäuser.“

Weder sind die Irrenanstalten zur Aufnahme Minderwertiger geeignet, noch auch die Strafanstalten.

Von grofser Wichtigkeit ist die Entscheidung der Frage, ob das Recht der Strafmilderung, welches in Österreich dem Richter allgemein eingeräumt ist, sich nur auf das zeitliche Ausmafs und auf unwesentliche Bedingungen der Strafe erstreckt oder nicht auch so weit auf die ganze Art des Vollzuges Anwendung finden könnte.

So grofs aber auch immer die Schwierigkeiten sein mögen, die sich einer Verwahrung Minderwertiger in Strafanstalten entgegenstellen, dürfen sie nicht dazu verleiten, den jedenfalls viel gröfseren Fehler zu begehen, diese Personen in Irrenanstalten unter Geisteskranke zu stecken. Freilich wäre mancher Unzukömmlichkeit leicht abgeholfen, wenn im Rahmen der Irrenanstalten Abteilungen für psychopathisch minderwertige Verbrecher errichtet würden;

obwohl dies von einer Reihe von Autoren entschieden perhorresciert wird und sich auch kaum empfehlen dürfte, könnte man ja doch daran denken, gerade so wie an die Verquickung von Epileptiker- Trinker- Idioten-Anstalten mit den Irren-Anstalten schon gedacht ist.

Richtunggebend mufs die Überlegung sein, dafs die psychopathisch Minderwertigen als Zurechnungsfähige mit verminderter Schuld anzusehen sind, dafs der Staat alle Lasten und Unkosten, welche durch die Vollziehung der Strafe erwachsen, in allen Fällen zu tragen hat, demnach auch für die als korrektionelle Strafe erscheinende Verwahrung der minderwertigen Verbrecher aufzukommen hat.

Näcke, Die Unterbringung geisteskranker Verbrecher. Halle 1902. 46 ff. Die geistig Minderwertigen verlangen entschieden einen milderen Strafvollzug. Sie wären am besten dem Adnexe (vgl. darüber S. 38 ff.) einzuverleiben. Dies ist besser als sie unter den anderen Gefangenen zu belassen. Sie gehören keineswegs in die Irrenanstalt. Auch in Arbeitshäusern sind sie nicht geeignet untergebracht. Im Strafhausadnexe dürften für sie eine etwas straffere Disziplin als bei den eigentlichen Geisteskranken und die gewöhnliche Gefangenenkost am Platze sein. Es sind Vorschläge gemacht worden, die minderwertigen Verbrecher in Arbeitskolonien zu bringen (vgl. Dedichen 5. congrès d'anthrop. crim. intern. Amsterdam 1891; Forel, Delbrück, v. Liszt). Dies wäre sehr zweckmäfsig.

Forel, Du traitement des causes pathologiques du crime. I.K.V. **10,** 388–391.

ad. I. Zahlreiche Verbrecher sind, ohne geisteskrank zu sein, in ihrer Widerstandskraft herabgesetzt (geschlechtliche Abnormitäten, Mangel an moralischem Gefühl, pseudologia phantastica, Kleptomanie, Alkoholismus). Mit Unrecht hat man bisher immer nur die intellektuelle Schwäche beachtet. Auch jene sind für ihre Taten verantwortlich. Ihnen gegenüber gilt das Wort: Vorbeugen ist besser als strafen.

ad. II. Dringende Postulate sind:

1. Die gerichliche Untersuchung mufs die psychologischen Antecedentien des Beschuldigten heranziehen, besonders bei Rückfälligen.
2. Besondere Landasyle für
   a) Gewohnheits- oder Rückfallsverbrecher,
   b) gefährliche und vermindert zurechnungsfähige Psychopathen,
   c) gefährliche oder unheilbare chronische Alkoholtrinker.
3. Ergibt die Untersuchung, dafs der Beschuldigte zu einer der drei Gruppen gehört, so wird er dem Asyl überwiesen.

4. Die Dauer des Aufenthalts im Asyl bemifst sich nicht nach der Schwere der Tat, sondern nach der Gefährlichkeit, die die genaue Beobachtung des Detinierten ergibt.
5. Aufgabe der Asyle ist Arbeit und Besserung (wenn möglich Heilung) der Detinierten. Alkohol ist ausgeschlossen.
6. Für die individuelle Freiheit wird dadurch gesorgt, dafs
   a) nicht aufgenommen wird, wer nach dem Stand der Untersuchung nicht überführt ist,
   b) für alle leichten Fälle kurzzeitiger Aufenthalt vorgesehen ist,
   c) die Leitung absolut zuverlässigen Leuten unter wirksamer Kontrolle anvertraut wird,
7. Psychologie und Psychiatrie nebst praktischen Übungen sind in den Studienplan aufzunehmen.

Lenz, Die geisteskranken Verbrecher im Strafverfahren und Strafvollzuge, Bl. Gef. K. **34,** 361 ff.

Die Feststellung der Zurechnungs- und der Unzurechnungsfähigkeit kann nach der biologischen, psychologischen oder gemischten Methode erfolgen. Der letzteren haben sich die schweizerischen Gesetzbücher angeschlossen, die aber auch den Zustand der verminderten Zurechnungsfähigkeit kennen. Sie heben einzelne Zustände des „verminderten Bewufstseins“, der „Störung oder Minderung der Vernunftätigkeit“ usw. hervor.

Die konsequenteste und einfachste Methode ist die Aufzählung psychologischer Kriterien der Zurechnungsfähigkeit. Doch werden durch sie nur Zustände geistiger Erkrankung, nicht Zustände der Unzurechnungsfähigkeit genannt. Daher hat sich der schweizerische Entwurf der biologischen Methode angeschlossen und für die Übergangszustände zwischen geistiger Gesundheit und Krankheit in Art. 11 eine Bestimmung getroffen (s. unten S. 120).

Die Aufzählung von Zuständen besagt aber nicht, ob diese Zustände immer, und wenn nicht immer, wann sie die Zurechnungsfähigkeit ausschliefsen. Daher empfiehlt sich folgende Fassung, welche dem Richter nur eine Anleitung geben soll, worauf er bei der durch ihn allein und unter seiner Verantwortung zu entscheidenden Frage der Zurechnungsfähigkeit sein Augenmerk zu richten hat und welche die Frage nicht ausschliefslich auf medizinisches Gebiet hinüberführt.

> Nicht strafbar ist, wer zur Zeit der Tat sich in einem Zustande von Geisteskrankheit, Blödsinn oder Bewufstlosigkeit befand, in welchem er die zur Erkenntnis der Strafbarkeit der Tat erforderliche Urteilskraft nicht besafs oder sein Tun nicht zu beherrschen vermochte.
>
> War die Urteilskraft oder die Willensenergie nur beeinträchtigt, so mildert der Richter die Strafe nach seinem Ermessen.

Bei zweifelhaften Fällen wird der Richter mit Rücksicht auf seine Verantwortlichkeit psychiatrisch gebildete Fachmänner heranzuziehen haben.

419. Das System der mildernden Umstände, wie es in Deutschland anerkannt ist, reicht nicht aus, da einmal bei einer grofsen Anzahl von Verbrechen die Zuerkennung mildernder Umstände nicht zulässig ist und es nicht gleichgültig sein kann, ob jemand wegen mildernder Umstände im allgemeinen oder gerade wegen geminderter Zurechnungsfähigkeit milder bestraft wird. Trotzdem hat der Verein schweizerischer Irrenärzte in seiner Versammlung in Chur am 22. und 23. Mai 1893 folgende These beschlossen:

> War die geistige Gesundheit oder das Bewufstsein des Täters nur beeinträchtigt, oder war der Täter geistig mangelhaft entwickelt, so ist die Strafe zu mildern oder gänzlich auszuschliefsen.

Der gänzliche Ausschlufs der Strafe würde also, trotzdem ein Minimum von geistigen Fähigkeiten, also eine verminderte Schuld, bei der verminderten Zurechnungsfähigkeit vorliegt, einer Begnadigung gleichkomme, die gleich unter Umständen wünschenswert, nicht in die Machtsphäre des Richters fällt.

Andere Vorschläge wünschen Unterbringung in einer besonderen Anstalt.

Im Ergebnisse führt das freisprechende Urteil den Unzurechnungsfähigen und den vermindert Zurechnungsfähigen in dieselbe Heil- und Pflegeanstalt. Die verminderte Zurechnungsfähigkeit hat ihre praktische Bedeutung verloren und die Klasse der Unzurechnungsfähigen eine ungerechtfertigte Vermehrung erhalten.

Ein befriedigendes Ergebnis ist jedoch nur zu erlangen, wenn man die gemeingefährlichen vermindert Zurechnungsfähigen als eine Mittelgruppe zwischen Geistesgesunden und Geisteskranken betrachtet, die einer Schuld noch fähig sind und daher einerseits Strafe verdienen und anderseits Verwahrung bedürfen. Hierzu gehören nicht die vermindert Zurechnungsfähigen, welche mit physiologischen Gründen nur vorübergehend ihres Bewufstseins und ihrer Willensenergie beraubt waren und nach Ablauf ihres getrübten Geisteszustandes wieder geistig normal und vollkommen zurechnungsfähig sind.

Für die übrigen ist eine besondere Anstalt mit einem Sonderregime unter der Leitung eines Gefängnisbeamten und eines Psychiaters angezeigt.

Deswegen ist als These (VI) folgendes aufzustellen:

> Der vermindert Zurechnungsfähige ist des Verbrechens schuldig zu erklären und zu einer Strafe zu verurteilen.
>
> Es erscheint wünschenswert, für die aus pathologischen Gründen vermindert Zurechnungsfähigen eine besondere Anstalt (Asyl) zu begründen, in welcher dieselben unter weit-

gehender Individualisierung der Behandlung nach ihrem Geisteszustande strafweise verwahrt werden.

Nach erstandener Strafe sind die gemeingefährlichen Individuen durch Gerichtsbeschlufs in einer Irrenanstalt zu verwahren.

Seuffert, Ein neues Strafgesetzbuch.

41. Da der Minderungsgrund der geminderten Zurechnungsfähigkeit noch sehr verschiedene geistige oder seelische Beschaffenheiten umfafst, so wäre es unangemessen, die Leute in der Strafe deswegen gleich zu behandeln, weil man ihre seelische Beschaffenheit zur Zeit der Tat unter den gemeinsamen Begriff der geminderten Zurechnungsfähigkeit untergeordnet hat. Der Epileptiker, wenn er nicht freigesprochen wird, gehört in eine Zwischenanstalt zwischen Strafanstalt und Irrenanstalt, wo er beobachtet und behandelt wird. Bei dem Neurastheniker darf die Strafbemessung von der Erwartung ausgehen, dafs eine mit angemessener Arztbehandlung sich verbindende Strafbehandlung die wünschenswerte Normbestimmbarkeit für die Zukunft hervorbringen kann.

Bei dem in der Bezechtheit zum Verbrecher gewordenen wird die Strafbehandlung hauptsächlich darauf hinzuwirken haben, dafs die Neigung zur Alkoholvergiftung vermindert oder gehoben werde.

Das Gesetz wird für die Fälle der geminderten Zurechnungsfähigkeit die Todesstrafe und die lebenslängliche Freiheitsstrafe auszuschliefsen haben. Das Gericht mufs sodann in allen Fällen in welchen trotz Annahme geminderter Zurechnungsfähigkeit auf Freiheitsstrafe erkannt wird, sofort im Urteil den Grundton der Behandlung bestimmen, ob Zwischenanstalt oder Strafanstalt. Das Gericht mufs die Zeitgrenze bestimmen, bis zu welcher die Strafbehandlung ausgedehnt werden darf. Darüber jedoch, ob die Zwischenbehandlung während der Strafzeit in eine reine Strafbehandlung übergehen solle und darüber, ob nach Beendigung der Strafzeit oder unter Umständen schon früher der in der Zwischenanstalt Befindliche als gemeinfährlicher Geisteskranker in eine Irrenanstalt zu verbringen sei, mufs das Gericht durch einen erneuten Beschlufs Bestimmung treffen.

Seuffert schlägt folgende Gesetzesparagraphen vor:

Zunächst eine Änderung der St.P.O. § 295.

Über solche vom Strafgesetze besonders vorgesehene Umstände, welche die Strafbarkeit vermindern oder erhöhen, insbesondere über die geminderte Zurechnungsfähigkeit sind den Geschworenen besondere Fragen vorzulegen (Nebenfragen).

Wird geltend gemacht, dafs die geminderte Zurechnungsfähigkeit auf krankhafter oder sonst mangelhafter Geistesbeschaffenheit des Verurteilten beruhe, so ist das in der Fragestellung zum Ausdruck zu bringen.

Eine Nebenfrage kann usw. (unverändert wie Abs. 2 des § 295).

Ferner:

§ 1.

Wird festgestellt, dafs die Tat im Zustand geminderter Zurechnungsfähigkeit begangen wurde, so ist statt auf Todesstrafe oder lebenslängliche Freiheitsstrafe auf Freiheitsstrafe nicht unter 2 Jahren zu erkennen.

§ 2.

Wird festgestellt, dafs die geminderte Zurechnungsfähigkeit auf krankhafter oder sonst mangelhafter Geistesbeschaffenheit des Verurteilten beruht, so kann das Gericht in allen Fällen der Verurteilung zu einer Freiheitsstrafe nach Einholung eines Arztgutachtens beschliefsen, dafs der Verurteilte in eine Zwischenanstalt verbracht und da während der Strafzeit verwahrt und behandelt werde.

§ 3.

Ergibt sich während der Dauer der Strafzeit, dafs eine weitere Verwahrung des Verurteilten in der Zwischenanstalt nicht mehr erforderlich ist, so hat das Gericht nach Einholung eines Arztgutachtens und nach Anhörung des Vorstandes der Anstalt, der Staatsanwaltschaft und eines Verteidigers darüber zu beschliefsen, ob der Verurteilte bis zur Beendigung der Strafzeit einer Strafanstalt zu überweisen, oder vorläufig zu entlassen sei.

Der Antrag kann von dem Vorstande der Anstalt, von der Staatsanwaltschaft und von einem Verteidiger gestellt werden.

§ 4.

Auf Antrag des Vorstandes der Zwischenanstalt und jedenfalls vor Beendigung der Strafzeit hat das Gericht, wenn nicht vorher die Verbringung in eine Strafanstalt oder die vorläufige Entlassung beschlossen worden ist, nach Anhörung eines ärztlichen Sachverständigen, der Staatsanwaltschaft und eines Verteidigers darüber zu beschliefsen, ob der Verurteilte nach Beendigung der Strafzeit als gemeingefährlicher Geisteskranker in einer Irrenanstalt unterzubringen sei.

§ 5.

Gegen den die Unterbringung anordnenden Beschlufs (§ 4) steht dem Untergebrachten, dessen gesetzlichem Vertreter und der Staatsanwaltschaft die sofortige Beschwerde zu.

§ 6.

Auf Antrag der Staatsanwaltschaft oder des gesetzlichen Vertreters kann das Gericht nach Einholung eines Arztgutachtens beschliefsen, dafs der in der Irrenanstalt wegen Gemeingefährlichkeit Untergebrachte zu entlassen sei.

§ 7.

Gegen die Ablehnung des Antrages steht dem Antragsteller die sofortige Beschwerde zu.

Eine Erneuerung des Antrages seitens des gesetzlichen Vertreters ist erst nach Ablauf eines Jahres nach der Rechtskraft des ablehnenden Beschlusses zulässig.

Hübbe, Die strafrechtliche Behandlung der verminderten Zurechnungsfähigkeit. Breslau 1902. 24 ff.

Weder die mildernden Umstände, noch die Begnadigung, noch auch die bedingte Begnadigung können dem Mangel einer Vorschrift Abhülfe schaffen. Nicht jede geringe Abnormität ist zu berücksichtigen. Die Strafe des Versuchs eintreten zu lassen, ist unbegründet. Es empfiehlt sich vielmehr, die Bestimmungen anzuwenden, die St.G.B. § 57 für die Jugendlichen aufstellt.

v. Liszt, 26. D. J. T. 1 300

schlägt einen neuen § 51a St.G.B. folgender Fassung vor:

„Ist die Zurechnungsfähigkeit des Beschuldigten nicht aufgehoben, sondern nur gemindert, so kann der Richter die angedrohte Strafart bis unter das angedrohte Mindestmafs mildern.

Erscheint der vermindert Zurechnungsfähige als gemeingefährlich, so ist in dem freisprechenden Urteil die Überweisung an eine Heil- oder Pflegeanstalt nach verbüfster Strafe zu verfügen."

300. Der § 51 bedarf . . . einer Ergänzung durch Aufnahme von Bestimmungen über die verminderte Zurechnungsfähigkeit.

Die Anhaltung in der Anstalt mufs so lange dauern, bis der Zustand der Gemeingefährlichkeit gehoben ist.

Durch die Überweisung an eine Anstalt ist die Unterbringung des Überwiesenen in einer geeigneten Familie unter Aufsicht des Anstaltsleiters in keiner Weise ausgeschlossen.

302. Strafverbüfsung hat vor der Vollziehung der Sicherungsmafsregel zu erfolgen.

These: Gemeingefährliche Verbrecher, die wegen Unzurechnungsfähigkeit freigesprochen oder wegen verminderter Zurechnungsfähigkeit zu milderer Strafe verurteilt werden, sind, und zwar erstere sofort, letztere nach Verbüfsung der Strafe, durch den Strafrichter in Heil- oder Pflegeanstalten zu verweisen.

van Calker, Nach welchen Grundsätzen ist die Revision des Strafgesetzbuches in Aussicht zu nehmen? 26. D. J. T. 2, 257 ff.

Unser geltendes Recht hat für die Fälle der geminderten Zurechnungsfähigkeit keine besonderen Bestimmungen getroffen. Es ist hierdurch eine Lücke gegeben, welche bei der Revision ausgefüllt werden mufs.

257. Für die Bestrafung von Verbrechern, bei welchen „verminderte" Zurechnungsfähigkeit als gegeben erachtet, kommen ähnliche Gesichtspunkte wie bei der Bestrafung von Jugendlichen in Betracht: die Zurechnungsfähigkeit ist zwar gegeben, aber die Grenze der strafrechtlichen Verantwortlichkeit, welche durch diesen Begriff bezeichnet wird, ist nur wenig überschritten. Der Gesetzgeber mufs bei Bemessung der Strafe diesem Umstande Rechnung tragen.

Es empfiehlt sich zu bestimmen, dafs das Gericht gegenüber gemeingefährlichen Personen, die wegen Zurechnungsunfähigkeit freigesprochen oder wegen verminderter Zurechnungsfähigkeit zu einer milderen Strafe verurteilt worden sind, die Überweisung an die Landespolizeibehörde zum Zwecke der Unterbringung in eine ausschliefslich für solche Personen bestimmte Anstalt auszusprechen hat. Die Unterbringung mufs sofort nach der Freisprechung beziehungsweise nach der Verbüfsung der Strafe erfolgen. Die Entlassung aus der Anstalt aber hat zu geschehen, sobald der Zustand, welcher die Unterbringung als notwendig erscheinen liefs, nicht mehr besteht.

These: Überweisung an die Landespolizeibehörde zum Zwecke der Unterbringung in einer besonderen Anstalt gegenüber gemeingefährlichen Personen, welche wegen Zurechnungsunfähigkeit freigesprochen oder wegen verminderter Zurechnungsfähigkeit zu milderer Strafe verurteilt werden.

Kahl, 26. D. J. T. **3,** 229 ff.

Die Revision des Strafgesetzbuchs bezüglich der geistig Minderwerten hat sich auf ein Dreifaches zu erstrecken.

Der zurechnungsfähige, geistig minderwerte Verbrecher ist zu bestrafen, nur eben milder. Die Analogie der Strafmilderung der jugendlichen Verbrecher ist abzuweisen. Für die geistig Minderwerten bedarf es eines besonderen Mafsstabes der Strafmilderung.

Nicht in der Herabsetzung der Strafdauer, sondern in der Eigenart des Strafvollzuges ist die Strafmilderung zu suchen. In einem Mittelding zwischen Straf- und Pflegeanstalt mit streng pädagogischem Charakter.

Bestimmungen wegen gemeingefährlicher Minderwertiger. Dazu vgl. oben v. Liszt und van Calker.

Finkelnburg, Die verminderte Zurechnungsfähigkeit 1903 (vgl. Pelman) S. 16 ff. Abhilfe der bestehenden Mifsstände kann geschafft werden auf 2 Wegen.

1. Aufnahme einer besonderen Gesetzesbestimmung über die verminderte Zurechnungsfähigkeit.

2. Nichtaufnahme einer besonderen Bestimmung, jedoch eine erschöpfende Ausweitung sämtlicher Strafrahmen nach unten hin, sowohl was Strafmafs anlangt (also Abschaffung aller besonderen Strafminima), als auch was die Strafmittel anlangt (Möglichkeit, überall das mildeste Strafmittel anzuwenden). Besonders empfehlenswert ist der Vorschlag zu 2. wegen der Berücksichtigung aller anormalen Seelenbeschaffenheiten und der Erweiterung des liberum arbitrium des Richters. Indessen ist aus taktischen Gründen die Schaffung einer besonderen Gesetzesbestimmung zu verlangen, da die Reform des Strafzumessungswesens in der vorgeschlagenen Form vorläufig nicht zu erwarten ist.

23. Gleichstellung der gemindert Zurechnungsfähigen mit den Jugendlichen.

24 ff. Der Forderung, für den Strafvollzug an gemindert Zurechnungsfähigen müfsten besondere Gebilde geschaffen werden: Zwischenanstalten, kann nicht beigetreten werden, da die heutigen Strafanstalten den minderwertigen Gefangenen eine genügende Pflege gewähren.

29 f. Nach der Entlassung aus dem Gefängnis mufs man für die gemeingefährlichen Defektsmenschen eine Verwahrung in einer Anstalt zur Sicherung der Gesellschaft verlangen.

31. Das Strafgesetzbuch bedarf einer Bestimmung über die geminderte Zurechnungsfähigkeit.

Der Ausdruck „geminderte Zurechnungsfähigkeit" bezeichnet die Sache in einfacher Weise.

Pelman, Die verminderte Zurechnungsfähigkeit.

6. 7. Die Forderung einer weiteren Ausdehnung der Abstufungen auf strafrechtlichem Gebiet, als § 51 des deutschen St.G.B. enthält, ist aus praktischen sowohl wie aus wissenschaftlichen Gründen unabweislich. Diese Forderung heifst: verminderte Zurechnungsfähigkeit.

Gerade die Minderwertigen verlangen ihrer unheilbaren Antisozialität halber eine längere Strafdauer, sie müssen von der Strafse herunter, und sie müssen dauernd von ihr herunter, mit kurzen Strafen ist hier nichts getan.

14. Man sollte für die vermindert Zurechnungsfähigen nicht mildere Strafen, sondern eine andere Art des Strafvollzuges, nicht quantitativ kürzere, sondern qualitativ andere Strafen fordern.

Aschaffenburg, Das Verbrechen und seine Bekämpfung. Heidelberg 1903.

241. Das Strafgesetz kennt den Begriff der verminderten Zurechnungsfähigkeit nicht.

Der vermindert Zurechnungsfähige wird nach unserm Recht milder, d. h. kürzer bestraft. Dies mufs bedenklich erscheinen, da sich auf diese Weise die Furcht vor Strafe immer mehr abschwächt. In der Milde des Urteils mufs der Minderwertige schliefslich einen Freibrief für sein Handeln erblicken. Die Minderwertigen sollen nicht quantitativ kürzer, sondern qualitativ anders bestraft werden. Der Strafvollzug hat sich dann der Eigenart der Person anzupassen. Er wird bald einen mehr therapeutischen, bald einen mehr erzieherischen Charakter haben müssen. Unter Umständen wird freilich auch die dauernde Unterbringung in einer geeigneten Anstalt notwendig sein. Ein Teil der Minderwertigen gehört in Epileptiker-, ein Teil in Irrenanstalten. Auf jeden Fall ist eine weitgehende Mitwirkung des Arztes bei Behandlung der Minderwertigen notwendig.

Aschaffenburg bei Hoche, Handbuch 34.

In Fällen geminderter Zurechnungsfähigkeit mufs der Psychiater einen ausreichenden Einflufs auf die Gestaltung der Strafe erhalten. Die mildernden Umstände, deren Handhabung ausschliefslich Sache des Richters ist, sind hier nicht am Platze, denn sie führen nur zu einer Herabsetzung des Strafmafses. Die mildere Strafe ist nur geeignet, bei diesen willensschwachen Individuen die Furcht vor der Strafe abzuschwächen und damit ein starkes Gegenmotiv gegen die Begehung strafbarer Handlungen unwirksam zu machen. Der Minderwertige soll nicht quantitativ kürzer, sondern qualitativ anders bestraft werden. Die gesetzliche Anerkennung der verminderten Zurechnungsfähigkeit ist nur wünschenswert, wenn eine Änderung des Strafvollzuges vorgenommen wird. Es müssen eigene Anstalten geschaffen werden, die es ermöglichen, die Individualität des Täters zu berücksichtigen. Erscheint Erziehung, Ausbildung, Abgewöhnung bedenklicher Neigungen unmöglich, so ist im Interesse der Gesellschaft lebenslängliche Aussonderung notwendig.

Solange die Zwischenstufen zwischen Geisteskrankheit und normalem Denken gesetzlich nicht anerkannt sind, wird es sehr schwierig sein, in der Praxis diesen Zuständen gerecht zu werden. Es wird nicht zu umgehen sein, dafs der Sachverständige die Umstände erörtert, auf Grund deren er eine Beeinträchtigung der freien Willensbestimmung annimmt. Es wird vielleicht nicht immer möglich sein, mit völliger Bestimmtheit auszusprechen, dafs die freie Willensbestimmung durch den abnormen Zustand ausgeschlossen ist, aber berechtigte Zweifel an der Zurechnungsfähigkeit würden genügen, um zu gunsten des Angeklagten den § 51 St. G. B. anwenden zu können.

v. Schrenck-Notzing, Die Frage nach der verminderten Zurechnungsfähigkeit, Arch. krim. Anthr. 8, 81 ff.

Die Annahme mildernder Umstände kann nicht aushelfen. Verfasser schliefst sich den Ausführungen Aschaffenburgs in Hoches Handbuch der gerichtlichen Psychiatrie, S. 37, an. (S. oben.)

Mendel bei Kutner, Gerichtliche Medizin 172 f.,

führt aus, es komme ihm gar nicht darauf an, ob bei Annahme der verminderten Zurechnungsfähigkeit der Täter einige Monate weniger Gefängnis oder statt Zuchthaus Gefängnis bekomme. Der Schaden, welcher in den hier in Betracht kommenden Fällen durch die Verhängung einer Freiheitsstrafe und Vollstreckung derselben in der jetzt geltenden Weise zugefügt wird, ist oft so grofs, so andauernd und so irreparabel, dafs er in keinem Verhältnis zu der Sühne der begangenen strafbaren Handlung steht, ja überhaupt durch seine subjektive Härte die Grenzen überschreitet, welche einer humanen Strafrechtspflege gesetzt sind.

Nicht in der Aufstellung einer verminderten Zurechnungsfähigkeit, sondern in der Art und Weise des Strafvollzugs liegt die wirkliche Lösung der hier in Betracht kommenden Verhältnisse, und bei dem längst erwarteten Reichsgesetz über den Strafvollzug würden die Hebel anzusetzen sein, um jenen berechtigten Forderungen zur Anerkennung zu verhelfen.

In dem zu erwartenden Reichsgesetz über den Strafvollzug ist für diejenigen Täter strafbarer Handlungen Vorsorge zu treffen, welchen zwar nicht der Schutz des § 51 St.G.B. zur Seite steht, welche aber in Bezug auf ihren geistigen Zustand gewisse Abnormitäten bieten („vermindert Zurechnungsfähige") und deswegen eine besondere Art des Strafvollzugs notwendig machen.

Die Feststellung des letzteren in dem einzelnen Falle würde nach dem Beispiel der in Belgien seit 1892 bestehenden Einrichtungen einer besonderen für die Strafanstalten zu bestellenden Kommission von Psychiatern und Verwaltungsbeamten zu überweisen sein.

Köhler, Reformfragen des Strafrechts, München 1903.

38 f. Bei der Gesetzgebung betreffend die geistig Minderwertigen soll nicht eine weitere Form von mildernden Umständen heraufbeschworen werden, es sollen die Fälle möglichst einzeln aufgezählt werden.

Verkehrt wäre es, bei den geistig Minderwertigen zwar andere Behandlung, aber keine mildere Strafe zu befürworten. Eine längere Strafbehandlung wäre nicht nur ungerecht, da der Minderwertige eher ein Weniger als ein Mehr an Strafe verdient hat, sondern auch unvernünftig, weil durchaus nicht mit der Minderwertigkeit an sich schon eine erhöhte Gefahr für die Gesellschaft gegeben ist.

Gemeingefährliche Minderwertige sind nach ihrer Entlassung polizeilich zu verwahren. Bei der Behandlung solcher Personen mufs das etwa aufzuerlegende Übel der Freiheitsentziehung ebenso wie bei den Unzurechnungsfähigen allen Beigeschmacks der Strafe entkleidet bleiben. Also andere Disziplin, andere Regelung der Erholung, andere Behandlung hinsichtlich des Arbeitsverdienstes, andere Gesichtspunkte hinsichtlich der Erlaubnis der Selbstbeschäftigung und der ihnen sonst zu gewährenden Rechte.

Die Versammlung der Landesgruppe der Internationalen Kriminalistischen Vereinigung in Dresden 1903 hat auf Grund der Referate von Delbrück und von v. Liszt die folgenden Leitsätze angenommenen. Vgl. v. Liszt, Ärztl. Sachv. Z. **10**, 25 ff., 49 f.; Heinemann, D. J. Z. 8, 314.

1. Schon im Interesse der Begutachtung zahlreicher Geisteszustände vor Gericht ist eine Änderung des § 51 St.G.B. notwendig in dem Sinne, dafs aufser der völligen Unzurechnungsfähigkeit auch eine verminderte Zurechnungsfähigkeit im Gesetz Berücksichtigung findet.

2. Der vermindert Zurechnungsfähige ist mit einer milderen Strafe zu belegen; die Vollstreckung der Freiheitsstrafe erfolgt in besonderen Anstalten oder Räumen unter Berücksichtigung der medizinischen Grundsätze.

3. Erscheint der vermindert Zurechnungsfähige nach dem Gutachten der Sachverständigen als gemeingefährlich, so hat der Strafrichter auf Verwahrung des Verurteilten in einer Heil- oder Pflegeanstalt zu erkennen. Die Durchführung dieser Anordnung ist Aufgabe der zuständigen Verwaltungsbehörde.

4. Ist der Verurteilte straffähig, so tritt die Verwahrung nach Verbüfsung der Strafe ein. Andernfalls ist die Zeit des Aufenthaltes in der Verwahrungsanstalt auf die Strafverbüfsung in Anrechnung zu bringen.

5. Die Verwahrung hat so lange zu dauern, als der Zustand der Gemeingefährlichkeit es erfordert. Die Entlassung aus der Anstalt wird auf Grund des Gutachtens der Sachverständigen von dem Strafrichter ausgesprochen.

6. Als Anstalten für vermindert Zurechnungsfähige kommen neben Irrenanstalten, Anstalten für Nervenkranke und Trinkerheilanstalten, vor allem Verwahrungsanstalten für unheilbare Alkoholiker und andere geistig Minderwertige in Betracht. Die Errichtung solcher Anstalten und der Ausbau derartiger im Keim vorhandener Institute entsprechen einem dringenden Bedürfnis.

v. **Liszt,** Ärztl. Sachv. Z. **10,** 49, Vorentwurf eines Gesetzes, betreffend die Verwahrung gemeingefährlicher Geisteskranker und vermindert Zurechnungsfähiger.

§ 1.

§ 51 St.G.B. erhält folgende Fassung:

Ein Angeschuldigter, welcher zur Zeit der Begehung der Handlung sich in einem Zustand von Bewufstlosigkeit oder krankhafter Störung der Geistestätigkeit befand, durch welchen seine freie Willensbestimmung ausgeschlossen war, ist freizusprechen.

Erscheint der Täter nach dem Gutachten der psychiatrischen Sachverständigen als gemeingefährlich, so hat das Gericht durch besonderen Beschlufs die vorläufige Verwahrung des Freigesprochenen anzuordnen und zugleich die Akten zur Veranlassung des Entmündigungsverfahrens an die zuständige Staatsanwaltschaft (Z.P.O. § 646 Abs. 2) abzugeben. Gegen den Beschlufs ist sofortige Beschwerde ohne aufschiebende Wirkung zulässig. St.P.O. § 352 findet Anwendung.

Die vorläufige Verwahrung erfolgt in besonderen Abteilungen der Strafanstalten und Gefängnisse oder in anderen dazu geeigneten Räumen unter ärztlicher Beaufsichtigung.

Durch rechtskräftige Entscheidung im Entmündigungsverfahren verliert der Beschlufs seine Wirksamkeit.

§ 2.

Hinter § 51 St.G.B. werden die folgenden §§ 51a und b eingeschoben.

§ 51a. Ist die Zurechnungsfähigkeit nicht ausgeschlossen, wohl aber erheblich vermindert, so ist die Strafe nach den Grundsätzen des § 57 zu mildern.

Erscheint der vermindert Zurechnungsfähige nach dem Gutachten der Sachverständigen als gemeingefährlich, so hat der Strafrichter durch besonderen Beschlufs die vorläufige Verwahrung des Verurteilten anzuordnen und zugleich die Akten zur Veranlassung des Entmündigungsverfahrens an die zuständige Staatsanwaltschaft (Z.P.O. § 646 Absatz 2) abzugeben.

Gegen den Beschlufs ist sofortige Beschwerde ohne aufschiebende Wirkung zulässig. St.P.O. § 352 findet Anwendung.

Durch die rechtskräftige Entscheidung im Entmündigungsverfahren verliert der Beschlufs seine Wirksamkeit.

§ 51b. Ist der Verurteilte straffähig, so wird die vorläufige Verwahrung durch die nach Rechtskraft des Urteils eintretende Vollstreckung der Freiheitsstrafe unterbrochen; sie tritt nach der Strafverbüfsung wieder ein, wenn bis dahin das Entmündigungsverfahren noch nicht rechtskräftig erledigt ist.

Ist der Verurteilte nicht straffähig, so wird die Strafvollstreckung ausgesetzt. Die Dauer der vorläufigen Verwahrung wird auf die erkannte Strafe angerechnet. Für die Anrechnung ist St.P.O. § 494 mafsgebend.

Die vorläufige Verwahrung erfolgt in besonderen Abteilungen der Strafanstalten und Gefängnisse oder in anderen dazu geeigneten Räumen unter ärztlicher Aufsicht.

§ 3.

Im B.G.B. § 6 wird als Ziffer 4 eingeschaltet:

Ziffer 4. Wer infolge von Geisteskrankheit oder verminderter Zurechnungsfähigkeit als gemeingefährlich erscheint.

§ 4.

B.G.B. § 114 erhält folgende Fassung:

Wer wegen Geistesschwäche, wegen Verschwendung, wegen Trunksucht oder infolge von verminderter Zurechnungsfähigkeit wegen Gemeingefährlichkeit entmündigt, oder wer nach § 1906 unter vorläufige Vormundschaft gestellt ist, steht in Ansicht der Geschäftsfähigkeit einem Minderjährigen gleich, der das 7. Lebensjahr vollendet hat.

§ 5.

Z.P.O. § 680 erhält folgende Fassung:

Die Entmündigung wegen Verschwendung, wegen Trunksucht oder wegen Gemeingefährlichkeit infolge von verminderter Zurechnungsfähigkeit erfolgt durch Beschlufs des Amtsgerichts.

Der Beschlufs wird nur auf Antrag erlassen.

Auf das Verfahren finden die Vorschriften des § 646 Absatz 1 und der §§ 647, 648, 653, 657, 663 entsprechende Anwendung.

Bei Entmündigung wegen Verschwendung oder wegen Trunksucht findet eine Mitwirkung der Staatsanwaltschaft nicht statt. Bei Entmündigung wegen Gemeingefährlichkeit infolge von verminderter Zurechnungsfähigkeit richtet sich die Mitwirkung der Staatsanwaltschaft nach den Vorschriften der §§ 646—679.

§ 6.

Z.P.O. § 681 erhält folgende Fassung:

Ist die Entmündigung wegen Trunksucht oder wegen Gemeingefährlichkeit infolge von verminderter Zurechnungsfähigkeit beantragt, so kann das Gericht die Beschlufsfassung über die Entmündigung aussetzen, wenn Aussicht besteht, dafs der zu Entmündigende sich bessern wird.

§ 7.

Wird die Entmündigung wegen Gemeingefährlichkeit infolge von Geisteskrankheit oder verminderter Zurechnungsfähigkeit ausgesprochen, so hat das Gericht die Unterbringung des Entmündigten in eine Heil- oder Pflegeanstalt während der Dauer der Entmündigung anzuordnen.

Für die Durchführung dieser Anordnung hat die zuständige Verwaltungsbehörde Sorge zu tragen. Auf Antrag oder mit Zustimmung des Leiters der Anstalt kann der Untergebrachte durch Anordnung der Verwaltungsbehörde bis auf weiteres seiner eigenen oder einer fremden Familie zur Pflege und Beaufsichtigung überwiesen werden. Während dieses Familienaufenthaltes steht der Entmündigte unter der Oberaufsicht des Anstaltsleiters. Die Verwaltungsbehörde kann jederzeit, wenn Unzuträglichkeiten sich herausstellen, die Anordnung widerrufen und die Zurückführung des Entmündigten in die Anstalt anordnen.

§ 8.

Stellt sich während der Verbüfsung einer Freiheitsstrafe heraus, dafs der Verurteilte geisteskrank oder vermindert zurechnungsfähig ist, so hat das nach St.P.O. § 494 zuständige Gericht die in den §§ 1 und 2 dieses Gesetzes vorgesehenen Anordnungen zu treffen.

v. **Liszt,** Ärztl. Sachv. Z. a. a. O. 26, führt die folgenden Erwägungen an, von denen er bei Aufstellung des Entwurfes ausgegangen ist.

1. Nur die Erlassung eines besonderen Reichsgesetzes vermag das vorhandene Bedürfnis zu befriedigen. Dies schon deshalb, weil auch andere Reichsgesetze geändert werden müfsten.

2. Dieses Reichsgesetz kann sich auf die vermindert Zurechnungsfähigen nicht beschränken; es mufs auch die Sicherung der

Gesellschaft gegen die nicht zurechnungsfähigen Geisteskranken ins Auge fassen.

3. Dagegen hat dieses Reichsgesetz die Reform der Irrengesetzgebung nicht mitzuumfassen.

4. Somit kann die Aufgabe des zu erlassenden Reichsgesetzes dahin festgestellt werden: Schutz der Gesellschaft gegenüber den gemeingefährlichen Geisteskranken und vermindert Zurechnungsfähigen. Die Gemeingefährlichkeit des Individuums bildet den Fundamentalbegriff des Gesetzes.

Aus diesen Grundgedanken ergibt sich der Aufbau des Gesetzes.

1. Es bedarf einer Ergänzung des § 51 St.G.B. (oben § 1 des Entwurfes).

2. Zu dieser Ergänzung des § 51 St.G.B. mufs weiter eine neue Bestimmung über verminderte Zurechnungsfähigkeit hinzutreten. Diese hat nach einer doppelten Richtung hin Fürsorge zu treffen.

Es handelt sich einmal darum, der geminderten Zurechnungsfähigkeit durch Strafmilderung Rechnung zu tragen. Hier erscheint § 57 St.G.B. als das geeignetste Vorbild, weil ja auch bei dem Jugendlichen, der mit der zur Erkenntnis der Strafbarkeit erforderlichen Einsicht gehandelt hat, im Sinne des Gesetzes ein besonderer Fall der verminderten Zurechnungsfähigkeit vorliegt. Die durch § 57 ausgeschlossenen Strafarten erscheinen auch in den übrigen Fällen verminderter Zurechnungsfähigkeit als nicht geeignet. Neben dem Verweis wird gerade auch hier die bedingte Verurteilung oder bedingte Begnadigung besonders am Platze sein; freilich nur unter der Voraussetzung, dafs eine entsprechende Überwachung des bedingt Verurteilten stattfindet.

Die Entscheidung der Frage, ob die Zurechnungsfähigkeit gemindert ist, steht im schwurgerichtlichen Verfahren den Geschworenen zu.

Es mufs für die vorläufige Verwahrung der Gemeingefährlichen und für die Einleitung des Entmündigungsverfahrens Sorge getragen werden.

3—5 enthalten Änderungen des Bürgerlichen Gesetzbuchs und der Zivilprozefsordnung.

6. Einer ausdrücklichen Berücksichtigung im Gesetz bedürfen die Fälle, in welchen erst während der Strafverbüfsung sich herausstellt, dafs der auf Grund des § 51 zur vollen Strafe Verurteilte geisteskrank oder vermindert zurechnungsfähig und zugleich, dafs er gemeingefährlich ist. Bei verminderter Zurechnungsfähigkeit mufs unterschieden werden. Ist der Verurteilte nicht straffähig, so ist ebenso wie bei Geisteskrankheit zu verfahren, d. h. es ist die Strafvollstrecknng zu unterbrechen, die vorläufige Verwahrung anzuordnen und die zuständige Staatsanwaltschaft wegen Veranlassung

des Entmündigungsverfahrens zu verständigen. Ist dagegen trotz der verminderten Zurechnungsfähigkeit die Straffähigkeit nicht aufgehoben, so ist die Vollstreckung fortzusetzen, zugleich aber die vorläufige Verwahrung für den Augenblick anzuordnen, in welchem die Strafverbüfsung beendigt, das eingeleitete Entmündigungsverfahren aber noch nicht abgeschlossen ist. Die Entscheidung hat in allen diesen Fällen das nach St.P.O. § 494 zuständige Gericht zu treffen.

v. Liszt, Lehrbuch. (12/13). 164.

Es mufs scharf betont werden, dafs im Falle einer verminderten Zurechnungsfähigkeit nicht mildere Strafe, sondern, im Interesse des Verbrechers, wie der Gesellschaft, andere Behandlung (Heilung oder Verwahrung) in erster Linie wichtig ist.

Kahl, Strafrechtliche Behandlung der geistig Minderwerten. 27. D. J. T. **1,** 137—248, stellt folgenden Vorschlag einer gesetzgeberischen Formulierung auf (230 f.):

Strafmilderung tritt ein, wenn der Täter bei Begehung der strafbaren Handlung sich in einem andauernd krankhaften Zustande befunden hat, welcher das Verständnis für die Bestimmungen des Strafgesetzes oder die Widerstandskraft gegen strafbares Handeln verminderte.

Die Strafe wird nach den für minder schwere Fälle (oder beim Vorhandensein mildernder Umstände) gegebenen allgemeinen Bestimmungen festgesetzt.

Hat der Angeschuldigte zur Zeit der Begehung der Handlung das vierzehnte, aber nicht das achtzehnte Lebensjahr vollendet, so mildert der Richter die Strafe nach freiem Ermessen. Der Richter kann die Verbüfsung der erkannten Freiheitsstrafe in einer geeigneten Erziehungsanstalt nachlassen.

Es werden folgende Leitsätze aufgestellt (246— 248):

I. Aufgabe. Der Zug der deutschen Strafrechtsentwickelung in Gesetzgebung und Wissenschaft, sowie die Erfahrungstatsachen der gerichtlichen Psychiatrie erfordern, dafs die Zustände der geistigen Minderwertigkeit einer sonderrechtlichen Ordnung

durch Prägung eines gesetzlichen Begriffs der sogenannten verminderten Zurechnungsfähigkeit (II),

durch Anwendung eines besonderen Strafprinzips (III),

durch Verbindung von Strafvollzug und Sicherungsmafsregeln (IV)

und

durch Abgrenzung der bei der strafenden und sichernden Behandlung in Frage kommenden Zuständigkeitsverhältnisse (V)

unterstellt werden.

Die strafrechtliche Behandlung der geistig Minderwerten einschliefslich der Sicherung ist grundsätzlich von den Voraussetzungen und dem Verfahren der Entmündigung getrennt zu halten.

Dagegen ist zu fordern, dafs spätestens in Verbindung mit einer Ordnung der verminderten Zurechnungsfähigkeit auch die Verwahrung der wegen Zurechnungsunfähigkeit Freigesprochenen gesetzlich geregelt werde.

II. Begriff. Der gesetzliche Begriff ist aus inneren Gründen und Rücksichten der Durchführbarkeit der Reform tunlichst einzuschränken. Unter Vermeidung des Ausdrucks „verminderte Zurechnungsfähigkeit" in der Gesetzessprache wird sich empfehlen, jene nur und mindestens dann anzunehmen,

> „wenn der Täter bei Begehung der Handlung sich in einem andauernd krankhaften Zustande befunden hat, welcher das Verständnis für die Bestimmungen des Strafgesetzes oder die Widerstandskraft gegen strafbares Handeln verminderte."

III. Strafprinzip. Der vermindert Zurechnungsfähige ist milder zu bestrafen.

In Ansehung des Mafstabs der Strafe sind auch hier erwachsene und jugendliche Personen verschieden zu behandeln. Bei Erwachsenen wird unter grundsätzlichem Ausschlufs der Todes- und lebenslänglichen Freiheitsstrafe die Strafe nach den zu verallgemeinernden Bestimmungen über Strafmilderung in minder schweren Fällen oder beim Vorhandensein mildernder Umstände zu bemessen sein. Bei Angeschuldigten zwischen 14 (12) und 18 Jahren mildert der Richter die Strafe nach freiem Ermessen. Er kann die Verbüfsung der zu erkennenden Freiheitsstrafe in einer geeigneten Erziehungsanstalt nachlassen.

IV. Strafvollzug und Sicherung. Jeder wegen verminderter Zurechnungsfähigkeit zu milderer Freiheitsstrafe Verurteilte ist einer sichernden Nachbehandlung zu unterstellen. Für Strafvollzug und Sicherung im einzelnen wird von der Unterscheidung zweier Typen der geistig Minderwerten, nämlich

1. der im gewöhnlichen Sinne Strafvollzugsfähigen und nicht voraussichtlich einer Verwahrung Bedürftigen und
2. der im Rahmen des regelmäfsigen Strafvollzugs nicht Behandlungsfähigen und wegen Gemeingefährlichkeit oder zwecks methodischer Heilung der Anstaltsverwahrung Benötigten

auszugehen sein.

Die vermindert Zurechnungsfähigen der ersteren Art verbüfsen ihre Strafe in den bestehenden Strafanstalten. Sie sind nach ihrer Entlassung ausnahmslos in zeitlich begrenzte Beaufsichtigung durch verbesserte Polizeiaufsicht, Unterbringung in einer Familie oder Bestellung eines besonderen Pflegers zu nehmen.

Nur für vermindert Zurechnungsfähige der zweiten Art sind besondere, und zwar zentrale, dem Strafvollzug und der Verwahrung dienende Sicherungsanstalten zu errichten. Die Verwahrung dauert mit den durch den Zweck gegebenen Abweichungen von der Strafvollzugsweise und nach Bewährung in den innerhalb der Anstalt zu bildenden Freiheitsklassen bis zur Entlassungsfähigkeit. Die Entlassung ist eine bedingte und daher während eines gesetzlich begrenzten Zeitraumes widerruflich. Vor der Entlassung ist in jedem Falle durch Vermittelung der Anstalt ein neues Arbeitsverhältnis oder sonstige Unterkunft zu sichern.

V. Zuständigkeit. Alle Entscheidungen über Verweisung zum regelmäfsigen Strafvollzug oder in eine Sicherungsanstalt stehen nach Vernehmung ärztlicher Sachverständiger dem Richter der Straftat zu.

Die den Strafvollzug und die Verwahrung innerhalb einer Sicherungsanstalt betreffenden Beschlüsse stehen, vorbehaltlich aller Befugnisse der Staatsaufsichtsbehörden, der Anstaltsleitung zu. An ihr sind in einer dem Bedürfnis voll genügenden Weise die staatlich berufenen Anstaltsärzte zu beteiligen.

Zur Verkörperung des Interesses und der Verantwortlichkeit der Gesellschaft an der Sicherungsbehandlung der geistig minderwerten Verbrecher empfiehlt sich die Einsetzung gemischter Behörden, welche aus den Organen der Anstaltsleitung und etwa fünf für diesen Dienst besonders qualifizierten Ehrenbeamten zu bilden sind. Die letzteren würden bei regelmäfsiger Verbindung mit dem Anstaltsleben in allen die persönlichen Verhältnisse, die individuelle Fürsorge und das künftige Schicksal der Verwahrten insonderheit betreffenden Fragen von der Anstaltsleitung zu gemeinschaftlichen Beratungen und Beschlufsfassungen zuzuziehen sein. Diesen Behörden sind auch die Entscheidungen über Entlassung und Widerruf zu übertragen.

Ideler, Über die Mitwirkung der Ärzte bei der Bestimmung der Zurechnungsfähigkeit zweifelhafter Gemützustände. G.A. **1,** 435, 621; **2,** 3.

Zwischen den zweifelhaften Gemützuständen, d. h. solchen, welche sich erweislich mit keiner Wahnvorstellung, also mit keiner durch sie angekündigten Verstandesstörung verbinden, und dennoch die Zurechnungsfähigkeit ausschliefsen, und den an sich zurechnungsfähigen Gemützuständen, wie z. B. Zorn, Furcht und Verzweiflung liegt ein weites Zwischengebiet. Hierauf mufs der Arzt den Richter, dem allein die Beantwortung der Frage nach dem Vorliegen der Zurechnungsfähigkeit gebührt, hinweisen. Die Veranlassung zu Controversen zwischen Ärzten und Richtern gibt dieses nur deshalb, weil die Begriffe der Zurechnungs- und Unzurechnungsfähigkeit als dialektische Gegensätze sich wechselseitig ausschliefsen und die Ärzte mit einer blofsen Milderung der Strafbestimmung sich nicht begnügen zu können glaubten, wo ihrer Überzeugung nach der zweifelhafte Gemützustand viel zu nahe an das Gebiet der eigentlichen Geisteskrankheiten grenzte, als dafs über ihn noch eine wirkliche Strafe verhängt werden dürfte.

Dornblüth, Z. Ps. **50,** 688.

Wird dem Richter die psychopathische Persönlichkeit in ihrer ganzen Ausdehnung vorgeführt und zergliedert, so wird er ihre Stellung an der Grenze, wo die Zurechnungsfähigkeit aufhört, viel besser erkennen, als wenn man den Betreffenden den „Verrückten" überhaupt anreiht.

Peters, Z. med. B. **3,** 247.

Der Gerichtsarzt mufs in Fällen der verminderten Zurechnungsfähigkeit ein bestimmtes Gutachten abgeben.

Weygandt, Atlas und Grundrifs der Psychiatrie. 157.

Das Aushilfsmittel der mildernden Umstände in Grenzfällen hat vielfach zur Folge, dafs ein Minderwertiger kürzer interniert und dann um so früher entlassen wird und rasch in neue Konflikte mit dem Gesetz gerät.

Der ärztliche Gutachter hat die Pflicht, in Fällen, die den § 51 nicht zulassen, auf eine etwa vorhandene Abweichung des Angeklagten von der Norm hinzuweisen.

Leppmann-Roth, Der Kreisarzt. (5) 270.

Der Gutachter wird in seinem Gutachten ausführen müssen, dafs der Angeklagte aus den und den Gründen als vermindert zurechnungsfähig zu erachten sei.

Parant, La raison dans la folie. 390 ff.

Im Falle des vorübergehenden Wahnsinns, ist der Angeklagte hinsichtlich der Handlungen, die er aufserhalb seiner Krisen vollbracht hat, ein normaler, zurechnungsfähiger Mensch. Es können mildernde Umstände eintreten, dazu aber ist der Richter und nicht der Arzt befugt, und es ist gefährlich, dafs man dem Arzt die Entscheidung über diese Frage der Zurechnungsfähigkeit in die Hand gibt.

v. Schrenck-Notzing, Beiträge zur forensischen Beurteilung von Sittlichkeitsvergehen. Arch. krim. Anthr. **1,** 5 ff.

Bei den in Betracht kommenden Personen handelt es sich meist um eine durch die krankhafte sexuelle Triebrichtung beeinträchtigte Willensfreiheit; es ist die Aufgabe des Sachverständigen, den Grad dieser Beeinträchtigung genau festzustellen. Da das Gesetz nur den vollen Ausschlufs der Willensfreiheit anerkennt, nicht aber eine verminderte Zurechnungsfähigkeit, so tut der vor die Alternative gestellte Sachverständige gut, den Grad der Willensbeschränkung schätzungsweise in Prozenten auszudrücken. Sprechen z. B. mehr Argumente für die Willensfreiheit und lassen sich dennoch Momente aufweisen, die zeigen, dafs der Täter nicht völlig impulsiv handelte, so könnte das etwa z. B. durch das Verhältnis von 70 % ausgedrückt werden. Bei einer solchen Ausdrucksweise bleibt es ganz dem Ermessen des Richters überlassen, ob er die hochgradige Willenseinschränkung der völligen Willenlosigkeit gleichstellen will.

Frank, Correspbl. Schw. Ärzte. **32,** 601.

Zurechnungsunfähigkeit beurteilen kann stets nur der Psychiater und die Frage nach der Zurechnungsunfähigkeit resp. verminderten Zurechnungsfähigkeit kann nicht Gegenstand des Wahrspruches der Geschworenen sein.

V. Abschnitt.

Aus der Gesetzgebung.

1. Deutsche Gesetzbücher vor dem Reichsstrafgesetzbuch.

Baden. Gesetz vom 6. März 1845.

§ 153. Die Zulässigkeit einer milderen Strafe, als das Gesetz angedroht hat (Strafmilderung) wird begründet:

2. durch diejenigen Zustände, welche nach den §§ 71, 75, 77, 81 und 82[1]) beim Dasein des dort vorausgesetzten Grades alle Zurechnung ausschliefsen, insofern sie im einzelnen Falle diesem Grade nahe kommen.

Bayern. Gesetz vom 6. Mai 1813.

Art. 106. Aufgehoben durch Gesetz vom 29. August 1848 und ersetzt durch folgende Bestimmung:

Wenn das Bewufstsein der Strafbarkeit der Handlung in dem Verbrecher zur Zeit der begangenen Tat zwar nicht gänzlich aufgehoben, aber doch durch grofse Geistesbeschränktheit, durch Altersschwäche, durch Gemütskrankheit, durch unverschuldete Trunkenheit oder durch eine andere derartige Verwirrung der Sinne oder des Verstandes in so hohem Grade getrübt war, dafs bei der Entscheidung der Tatfrage die Zurechnungsfähigkeit als gemindert erklärt wird, so sind die Gerichte ermächtigt, auf eine geringere als die gesetzliche Strafe zu erkennen.

Bayern. Gesetz vom 10. November 1861.

Art. 68. Ist durch den Richter der Tat entschieden, dafs die Fähigkeit der Selbsbestimmung oder die zur Erkenntnis der Strafbarkeit der Tat nötige Urteilskraft oder die Freiheit der Willensbestimmung des Handelnden zwar nicht völlig ausgeschlossen, aber

---

[1]) § 71. Die Zurechnung ist ausgeschlossen durch jeden Zustand, in welchem das Bewufstsein der Strafbarkeit der Handlung oder die Willkür des Handelnden fehlt.

§ 75. Zu den Zuständen, welche unter der Voraussetzung des § 71 die Zurechnung ausschliefsen, gehört namentlich Raserei, Wahnsinn, Verrücktheit, völliger Blödsinn und vorübergehende gänzliche Verwirrung der Sinne oder des Verstandes.

§ 77 spricht von den Taubstummen, § 81 vom Notstand, § 82 vom Zwang.

doch in erheblichem Grade gemindert war, so ist eine geringere als die gesetzliche ordentliche Strafe und zwar nach folgendem Mafsstabe zu verhängen:

1. Bei Verbrechen, die unbedingt mit Todes- oder lebenslänglicher Zuchthausstrafe bedroht sind, ist auf Zuchthaus von 8—20 Jahren zu erkennen.

2. Bei Verbrechen, die im höchsten Strafmafse mit lebenslänglicher, im niedrigsten aber mit zeitlich bestimmter Zuchthausstrafe bedroht sind, darf höchstens nur auf Zuchthaus von 16 Jahren erkannt, es kann aber bis zu einem Vierteile des niedrigsten Mafses der angedrohten Strafe herabgegangen werden.

3. Bei allen anderen strafbaren Handlungen darf nicht über die Hälfte des höchsten Mafses der angedrohten Strafe hinaus, es kann aber ... bis zu einem Vierteile des niedrigsten Mafses dieser Strafe herabgegangen werden. Wäre hiernach auf eine Gefängnisstrafe zu erkennen, welche drei Monate nicht übersteigt, so kann statt derselben eine entsprechende Geldstrafe, jedoch nicht über fünfzig Gulden verhängt werden. Bei Übertretungen kann statt der Arreststrafe auf eine Geldstrafe bis zu zehn Gulden erkannt werden.

Braunschweig Gesetz vom 10. Juli 1840.

§ 66. Die Strafe wird gemindert:

Wenn der Täter aus Mangel an Unterricht, wegen Verstandesschwäche oder Trunkenheit (insofern diese Zustände die Zurechnung nicht ausschliefsen oder erheblich vermindern) die Strafwürdigkeit und die ganze Gefährlichkeit seiner Handlung nicht eingesehen hat.

Hamburg. Gesetz vom 30. April 1869.

Art. 59. Eine Strafmilderung wird (aufser durch die Jugend) durch diejenigen Zustände und Verhältnisse, welche nach Art. 25, 27, 28 und 30[1]) bei dem Dasein des dort vorausgesetzten Grades, die Zurechnung überhaupt ausschliefsen, insofern begründet, als sie in dem einzelnen Falle diesem Grade nahe kommen.

Hannover. Gesetz vom 8. August 1840.

Art. 94. Hingegen mindert sich die Strafbarkeit vorzüglich:

1. Wenn der Verbrecher wegen Mangels an Unterricht, wegen gänzlich vernachlässigter Erziehung, oder weil er unter Verbrechern aufgewachsen ist, oder aus natürlicher Schwäche des Verstandes oder aus einem die Zurechnung nicht ganz aufhebenden Gemütsgebrechen, den vollen Umfang und die Gefährlichkeit und die Gröfse der Strafwürdigkeit seiner Handlung nicht eingesehen hat.

---

[1]) Art. 25 handelt von Kindern unter 14 Jahren, von Personen, welche des Vernunftgebrauchs völlig beraubt sind, von Taubstummen, von Bewufstlosen; Art. 27 vom Zwange; Art. 28 vom Irrtum in Tatsachen; Art. 30 vom Notstand.

Hessen. Gesetz vom 17. September 1841.

Art. 114. Die Zulässigkeit einer milderen Strafe, als das Gesetz gedroht hat (Strafmilderung), wird begründet:

2. Durch diejenigen Zustände, welche nach dem Art. 37, Nr. 2 und 3,[1]) beim Dasein des dort vorausgesetzten Grades gänzliche Straflosigkeit bewirken, insofern sie im einzelnen Falle in geringerem, aber doch in so hohem Grade vorhanden sind, dafs die gesetzliche Strafe auch in ihrem geringsten Mafse im Mifsverhältnis mit der Verschuldung stehen würde. Wegen dieses Milderungsgrundes, insofern derselbe nicht mit dem jugendlichen Alter zusammentrifft, darf aber die Strafe nicht weiter herabgesetzt werden, als es die in Bezug auf das jugendliche Alter gegebenen Vorschriften gestatten.

Nassau. Gesetz vom 14. April 1849.

Art. 113. Die Zulässigkeit einer milderen Strafe, als das Gesetz gedroht hat (Strafmilderung) wird begründet:

2. Durch diejenigen Zustände, welche nach dem Art. 35, Nr. 2 und 3, und Art. 37[2]) beim Dasein des dort vorausgesetzten Grades gänzliche Straflosigkeit bewirken, insofern sie im einzelnen Falle in geringerem, aber doch in so hohem Grade vorhanden sind, dafs die gesetzliche Strafe auch in ihrem geringstem Mafse im Mifsverhältnis mit der Verschuldung stehen würde. Wegen dieses Milderungsgrundes, insofern derselbe nicht mit dem jugendlichen Alter zusammentrifft, darf aber die Strafe nicht weiter herabgesetzt werden, als es die im Artikel 115 in Bezug auf das jugendliche Alter gegebenen Vorschriften gestatten.

Sachsen. Gesetz vom 13. August 1855.

Art. 88. Sind Zustände oder Voraussetzungen, welche an die im vorigen Artikel gedachten[3]) angrenzen, vorhanden, ohne dafs die

---

[1]) Art. 37 bestimmt: Wegen mangelnder Zurechnungsfähigkeit findet keine Bestrafung statt:

2. gegen Taubstumme, wenn mit Gewifsheit anzunehmen ist, die Sträflichkeit ihrer Handlung und deren Folgen sei von ihnen nicht erkannt gewesen;

3. gegen Personen, welche die mit Strafe bedrohte Handlung in einem Zustande verübt haben, in welchem das Bewufstsein der Strafbarkeit der Tat aufgehoben war, insbesondere im Schlafe. Nachtwandeln, Wahnsinne, völligen Blödsinne, in der Raserei. Verrücktheit, oder in vorübergehender gänzlicher Verwirrung der Sinne oder des Verstandes.

[2]) Art. 35 Nr. 2 und 3 entspricht wörtlich dem Gesetze von Hessen, Art. 37 Nr. 2 und 3. Art. 37 handelt vom Notstande.

[3]) Art. 87. Die Fähigkeit der Selbstbestimmung ist bei Personen. welche das vierzehnte Jahr ihres Alters zurückgelegt haben, vorauszusetzen, dafern nicht nachgewiesen werden kann, entweder:

a) dafs ihnen die Geisteskräfte, welche dazu gehören, um das Rechte vom Unrechten unterscheiden zu können, gänzlich fehlen, oder

Fähigkeit der Selbstbestimmung dadurch gänzlich ausgeschlossen erscheint, so ist, dafern nicht der Verbrecher sich absichtlich, um das Verbrechen zu begehen, in einen solchen Zustand versetzt hat, verminderte Zurechnungsfähigkeit anzunehmen, und hat demzufolge der Richter höchstens auf die Hälfte der ohne diesen Milderungsgrund verwirkten Strafe zu erkennen.

Sachsen-Altenburg. Gesetz vom 3. Mai 1841.

Art. 64. Wird ein mit Todesstrafe bedrohtes Verbrechen von Personen begangen, bei welchen sich zwar kein völliger Mangel des Vernunftgebrauches, jedoch ein so hoher Grad von Blödsinn oder Verstandesschwäche zeigt, dafs die gesetzliche Strafe im Mifsverhältnisse mit der Verschuldung stehen würde, so ist statt Todesstrafe auf lebenslängliche Zuchthausstrafe zu erkennen.

Thüringische Staaten.[1])

Art. 59. Bei Personen, denen zwar kein völliger Mangel des Vernunftgebrauches, aber doch ein so hoher Grad von Verstandesschwäche beizumessen ist, dafs die Anwendung der in dem Gesetze gedrohten Strafe im Mifsverhältnisse mit ihrer Verschuldung stehen würde, ingleichen bei Personen, welche an einer teilweisen Seelenkrankheit leiden, die mit dem in Frage stehenden Verbrechen nicht im Zusammenhange steht, ist der Richter ermächtigt, nach Befinden unter die gesetzliche Strafart und Strafdauer herabzugehen.

Württemberg. Gesetz vom 1. März 1839.

Art. 98. Wird eine gesetzwidrige Handlung von Personen begangen, bei welchen zwar der Vernunftgebrauch nicht völlig aufgehoben ist, jedoch ein so hoher Grad von Blödsinn oder Verstandesschwäche sich zeigt, dafs die gesetzliche Strafe auch in ihrem geringsten Mafse im Mifsverhältnisse zu der Verschuldung stehen würde, so haben die Gerichte die Strafe unter diesem Mafse festzusetzen.

---

b) dafs diese Kräfte bei ihnen gänzlich unentwickelt geblieben sind, oder

c) dafs sie die Tat in einem bewufstlosen Zustande oder während einer Seelenkrankheit verübt haben, welche den Vernunftgebrauch entweder im Allgemeinen, oder in der besonderen Richtung, welche bei der Tat in Betracht kommt, gänzlich aufhebt.

[1]) Der Titel lautet vollständig: Strafgesetzbuch für das Grofsherzogtum Sachsen-Weimar-Eisenach, die Herzogtümer Sachsen-Meiningen, Sachsen-Koburg-Gotha, Anhalt-Dessau und Köthen, und die Fürstentümer Schwarzburg-Rudolstadt, Schwarzburg-Sondershausen und Reufs jüngere Linie.

Es ist eingeführt in: Sachsen-Weimar-Eisenach am 20. März 1850, in Sachsen-Meiningen am 21. Juli 1850, Sachsen-Koburg-Gotha am 29. November 1850, Anhalt-Dessau und Köthen am 28. Mai 1850, Schwarzburg-Rudolstadt am 26. April 1850, Schwarzburg-Sondershausen am 25. März 1850, Reufs jüngere Linie am 25. April 1852.

Kann dies innerhalb derselben Strafart nicht mehr bewirkt werden, so ist zu der nächstfolgenden niedrigeren Strafart herabzusteigen.

Bei einem todeswürdigen Verbrechen ist solchenfalls auf zeitliches Zuchthaus zu erkennen.

2. Entwurf eines Strafgesetzbuches für den Norddeutschen Bund.[1])

§ 47. Befand sich der Täter zur Zeit der Tat in einem Zustande, welcher die freie Willensbestimmung zwar nicht völlig ausschlofs, aber dieselbe beeinträchtigte, so ist auf eine Strafe zu erkennen, welche nach den über die Bestrafung des Versuchs aufgestellten Grundsätzen abzumessen ist.

3. Aufserdeutsche Gesetzbücher und Entwürfe.

Dänemark. Gesetz vom 10. Februar 1866.

§. 39. Eine niedrigere Strafe als die im Gesetz angedrohte ist auf Idioten oder andere Personen anzuwenden, die zwar nicht jedes Bewufstseins bar sind, von denen man aber annehmen kann, dafs sie auf Grund besonderer Verhältnisse, welche auf die Willensfreiheit von Einflufs sind, bei Begehung der Tat nicht die volle Zurechnungsfähigkeit besessen haben, welche bei erwachsenen und geistig gesunden Personen vorausgesetzt werden kann.

Finnland. Gesetz vom 19. Dezember 1889.

Kap. 3 § 4. Wenn demjenigen, der ein Verbrechen begangen, bei der Begehung der volle Gebrauch des Verstandes mangelte, obgleich er nicht nach § 3 für unzurechnungsfähig angesehen werden kann, so ist auf eine Strafe in allgemeiner Strafart nach Mafsgabe des § 2 zu erkennen.

In diesem Fall darf ein Rausch oder eine andere ähnliche vom Täter selbst verschuldete Geistesverwirrung nicht allein als Grund zu solcher Strafminderung angesehen werden.

---

[1]) v. Rönne. Die kriminalistische Zurechnungsfähigkeit, Berlin 1870. 32 ff., spricht sich gegen die Fassung des Entwurfes aus, gegen welche die erhobenen Bedenken gerechtfertigt sind. Über seine Vorschläge vgl. oben S. 72.

Olshausen. Kommentar 1, 243.

Im § 57 des Str.G.B. ist ausnahmsweise der sogenannten verminderten Zurechnungsfähigkeit Rechnung getragen.

Olshausen. Kommentar zum Strafgesetzbuch für das Deutsche Reich (6) 1900.

1, 211. Der § 47 Entwurf I, welcher wegen der durch Beeinträchtigung der freien Willensbestimmung hervorgerufenen verminderten Zurechnungsfähigkeit die Versuchsstrafe einführen wollte, war bereits im Entw. II fallen gelassen.

Griechenland. Gesetz vom 18. (30.) Dezember 1833.

Art. 87. Wenn aus allen Umständen klar und unbezweifelt hervorgeht, daſs durch die im vorigen Artikel genannten Zustände die Vernunfttätigkeit zwar nicht ganz ausgeschlossen, jedoch in so hohem Grade wesentlich gestört und gemindert ist, daſs aus diesem Grunde die Bedingung zur Anwendung der vollen, im Gesetze bestimmten Strafe hinwegfällt, so ist auf eine geringere als die gesetzliche Strafe zu erkennen, und zwar im Verhältnisse des Grades der erwiesenen Störung der Zurechnungsfähigkeit nach den Bestimmungen der Art. 49 und 50.[1])

Italien. Gesetz vom 30. Juni 1889.

Art. 47. War der im vorangehenden Artikel[2]) bezeichnete Geisteszustand derart, daſs er die Zurechnungsfähigkeit wesentlich beeinfluſste, ohne sie völlig auszuschlieſsen, so wird die für die begangene strafbare Handlung bestimmte Strafe gemäſs folgenden Regeln herabgesetzt:

1. an Stelle von Zuchthaus tritt Einschlieſsung von mindestens sechs Jahren;

2. an Stelle dauernder Unfähigkeit zur Bekleidung öffentlicher Ämter tritt zeitige;

3. zeitige, zwölf Jahre nicht übersteigende Strafe wird auf drei bis zehn Jahre verhängt, sechs Jahre, nicht aber zwölf Jahre übersteigende auf ein bis fünf Jahre und in übrigen Fällen auf eine nicht die Hälfte der sonst zur Anwendung gekommenen erreichende Dauer;

4. Geldstrafe wird auf die Hälfte herabgesetzt. Ist die Strafe Freiheitsstrafe, so kann der Richter Verbüſsung derselben in einem Verwahrungshause anordnen, bis die zuständige Behörde diese Maſsregel zurücknimmt; in welchem Fall der Rest der Strafe in gewöhnlicher Weise verbüſst wird.

Mexiko. Gesetz vom 7. Dezember 1871.

Art. 34. Die Umstände, welche die strafrechtliche Verantwortlichkeit für Verletzung von Strafgesetzen ausschlieſsen:

2. Wenn nach dem Urteile Sachverständiger gegründete Zweifel obwalten, ob der Angeklagte im Besitze seiner Geisteskräfte ist, wenn derselbe an zeitweilig wiederkehrendem Wahnsinn leidet und während eines lichten Zwischenraums ein Strafgesetz verletzt.

4. Altersschwäche, wenn infolge derselben die Vernunft sich vollständig verloren hat.

New-York.

§ 23. Eine krankhafte Neigung zur Begehung verbotener Handlungen in dem Gemüte einer Person, bezüglich welcher nicht

---

[1]) Enthalten die Strafen des Versuches.

[2]) Art. 46 handelt von der Unzurechnungsfähigkeit.

nachgewiesen ist, dafs sie die Rechtswidrigkeit ihrer Handlungen nicht kannte, bildet kein rechtliches Hindernis der Verfolgung.

Norwegen. Gesetz vom 26. Mai 1902.

§ 39. Wenn das Gericht annimmt, dafs ein Angeklagter, der freigesprochen oder gemäfs den §§ 45 [1]) oder 56 zu einer herabgesetzten Strafe verurteilt wird, wegen Zurechnungsunfähigkeit oder verminderter Zurechnungsfähigkeit die Rechtssicherheit gefährdet, so kann es beschliefsen, dafs ihm nach näherer Bestimmung der Obrigkeit ein bestimmter Aufenthaltsort anzuweisen oder zu verbieten ist, oder dafs er, soweit dazu nach den vom Könige oder einer von ihm ermächtigten Person erlassenen allgemeinen Vorschriften Anlafs vorliegt, in ein Irrenasyl, eine Heil- oder Pflegeanstalt oder in ein Arbeitshaus zu verbringen ist. Die getroffene Mafsregel ist von dem zuständigen Ministerium (Regierungs-Departement) wieder aufzuheben, wenn sie nach eingeholtem ärztlichen Gutachten nicht länger notwendig erscheint.

In Schwurgerichtssachen hat das Gericht, bevor es einen solchen Beschlufs fafst, den Geschworenen die Frage vorzulegen, ob der Angeklagte wegen Unzurechnungsfähigkeit oder verminderter Zurechnungsfähigkeit für die Rechtssicherheit gefährlich ist. Nur eine dem Angeklagten günstige Antwort bindet das Gericht.

§ 56. Das Gericht kann die Strafe unter das angedrohte Mindestmafs und auf eine mildere Strafart herabsetzen, wenn jemand unter Überschreitung der Notwehr oder von berechtigtem Zorn getrieben, eine strafbare Handlung begangen hat, oder wenn er bei Begehung sich in einem Zustande der in den §§ 44 und 47 [2]) erwähnten Art, jedoch nicht in so hohem Mafse befand, dafs die Schuld ausgeschlossen würde.

Österreich. Gesetz vom 27. Mai 1852.

§ 46. Milderungsumstände, welche auf die Person des Täters Beziehung haben, sind:

a) wenn der Täter in einem Alter unter 20 Jahren, wenn er schwach an Verstand, oder seine Erziehung sehr vernachlässigt worden ist.

---

[1]) § 45. Hat jemand, um eine strafbare Handlung zu verüben, sich in einen vorübergehenden Zustand von der im § 44 erwähnten Art versetzt, so bleibt dieser Zustand ohne Einflufs auf die Strafbarkeit.

Ist er sonst durch eigne Schuld in einen solchen Zustand geraten, und nimmt er in demselben eine Handlung vor, die auch bei fahrlässiger Begehung strafbar ist, dann wird die für fahrlässige Begehung angedrohte Strafe angewendet.

[2]) § 44. Eine Handlung ist nicht strafbar, wenn der Täter bei deren Vornahme geisteskrank, bewufstlos oder sonst auf Grund mangelhafter Entwickelung der Geisteskräfte oder Schwächung oder krankhafter Störung derselben oder infolge Zwanges oder dringender Gefahr unzurechnungsfähig war. § 47 handelt vom Notstand.

Rufsland.[1]) Gesetz von 1885.

Art. 134. Als Umstände, welche in höherem oder geringerem Grade die Strafbarkeit verringern, damit zugleich aber auch die Schwere der gebührenden Strafe mildern, werden angesehen:

4. wenn das Verbrechen von ihm aus Leichtsinn begangen worden, oder aber aus Verstandesschwäche, Dummheit und äufserster Unwissenheit, die sich andere zu Nutzen machen, um ihn zu diesem Verbrechen zu verlocken.

Art. 136. Als die Strafbarkeit verringernde und die Strafe mildernde Umstände werden auch Unmündigkeit und Minderjährigkeit der Angeschuldigten anerkannt.

Schweden.[2]) Gesetz von 1864.

§ 6. Derjenige, der eine verbrecherische Tat begangen hat, aber durch Körper- oder Geisteskrankheit, Altersschwäche oder andere unverschuldete Verwirrung des vollständigen Vernunftgebrauchs entbehrte, obwohl er nicht als straflos anzusehen ist, wird milder bestraft.

Schweiz.

a) Aus der Kantonalgesetzgebung.

Kanton Appenzell.[3]) Gesetz vom 28. April 1878.

§ 41. Wenn die Geisteskräfte, durch deren Gesundheit die Zurechnung bedingt ist, zwar nicht aufgehoben, aber doch krankhaft getrübt und geschwächt sind, z. B. infolge von körperlichen Krankheiten, welche eine Störung des Gleichgewichtes der Seelenkräfte des Verbrechers entwickelt haben, usw., so tilgen solche Zustände zwar die Strafbarkeit nicht, aber sie sind bei Zumessung der Strafe zu berücksichtigen und als wesentliche Milderungsgründe zu beachten.

Kanton Glarus. Gesetz vom 7. Mai 1899.

§ 31. Wenn die Geisteskräfte, durch deren Gesundheit die Zurechnung bedingt ist, zwar nicht aufgehoben, aber doch krankhaft getrübt und geschwächt sind, so schliefsen solche Zustände zwar die Strafbarkeit nicht aus, jedoch sind sie bei Zumessung der Strafe in der Weise zu berücksichtigen, dafs der Richter auch unter das fetztgesetzte Minimum herab- oder zu einer andern Strafart übergehen kann.

Kanton Luzern. Gesetz vom 12. März 1836.

§ 62. Wenn aus allen Umständen klar und unzweifelhaft hervorgeht, dafs durch die im Art. 61 genannten Zustände die Vernunft-

---

[1]) Vgl. Aschaffenburg bei Hoche, Handbuch der gerichtlichen Psychiatrie. 86. Im neuen russ. Ges. fehlen Bestimmungen.

[2]) Vgl. Aschaffenburg bei Hoche, Handbuch der gerichtlichen Psychiatrie, 88.

[3]) Über die schweizerischen Gesetze vgl. Stoofs, Die Schweizerischen Strafgesetzbücher, Basel und Genf 1890, 21 ff.

tätigkeit zwar nicht ganz ausgeschlossen, jedoch in so hohem Grade wesentlich gestört und gemindert ist, dafs aus diesem Grunde die Bedingung zur Anwendung der vollen, im Gesetze bestimmten Strafe hinwegfällt, so ist auf eine geringere als die gesetzliche Strafe zu erkennen, und zwar kann im Verhältnisse des Grades der erwiesenen Störung der Zurechnungsfähigkeit die Strafe bis auf einen Vierteil gemildert werden.

Kanton Solothurn. 20. August 1885.

§ 51 Abs. 3. Dagegen soll als Milderungsgrund auf das Strafmafs einwirken:

2. Wenn der Schuldige wegen schlechter Erziehung oder beschränktem Verstande die volle Strafwürdigkeit und Gefährlichkeit seiner Handlung nicht einzusehen im stande war.

Kanton Thurgau. Gesetz vom 15. Juni 1841.

§ 42. Auf eine mildere als die gesetzlich gedrohte Strafe ist auch dann zu erkennen, wenn diejenigen Zustände, welche, in vollem Grade vorhanden, alle Zurechnung ausschliefsen, in einem geringeren Grade vorwalteten.

Kanton Zug. Gesetz vom 20. Dezember 1876.

§ 37. Die Strafe ist u. a. zu mindern:

a) je weniger der Täter wegen Mangel an Unterricht, aus natürlicher Schwäche des Verstandes die volle Gefährlichkeit und Strafwürdigkeit seiner Handlung einzusehen im stande war.

b) Die Kommissionsentwürfe.

1. Entwurf von 1896.

Art. 11, Abs. 2: War die geistige Gesundheit oder das Bewufstsein des Täters nur beeinträchtigt, oder war er geistig mangelhaft entwickelt, so mildert der Richter die Strafe nach freiem Ermessen.

Art. 12: Gibt der Geisteszustand des Angeschuldigten zu Zweifeln Anlafs, so läfst ihn der Beamte, der dies wahrnimmt, durch Sachverständige untersuchen. Dies gilt insbesondere auch für Taubstumme und Epileptische.

Art. 13: Erfordert die öffentliche Sicherheit die Verwahrung eines Unzurechnungsfähigen oder vermindert Zurechnungsfähigen, in einer Heil- oder Pflegeanstalt, so ordnet sie das Gericht an. Ebenso verfügt das Gericht die Entlassung, wenn der Grund der Verwahrung weggefallen ist.

Erfordert das Wohl eines Unzurechnungsfähigen oder vermindert Zurechnungsfähigen seine Behandlung oder Versorgung in einer Heil- oder Pflegeanstalt, so überweist das Gericht den Kranken der Verwaltungsbehörde zur Aufnahme in eine solche Anstalt.

Ist ein vermindert Zurechnungsfähiger zu Freiheitsstrafe verurteilt worden, und ist seine Strafzeit am Tage der Entlassung aus der Heil- und Pflegeanstalt noch nicht abgelaufen, so hat er den noch übrigen Teil der Strafe zu erstehen.

2. Entwurf von 1903.

Art. 16, Abs. 2. War die Fähigkeit des Täters, vernunftgemäfs zu handeln, zur Zeit der Tat vermindert, war insbesondere die geistige Gesundheit oder das Bewufstsein des Täters wesentlich beeinträchtigt, so mildert der Richter die Strafe nach freiem Ermessen (Art. 50).

Art. 17. Erfordert die öffentliche Sicherheit die Verwahrung eines Unzurechnungsfähigen oder vermindert Zurechnungsfähigen in einer Heil- oder Pflegeanstalt, so ordnet sie das Gericht an. Ebenso verfügt das Gericht die Entlassung aus der Anstalt, wenn der Grund der Verwahrung weggefallen ist.

Erfordert der Zustand eines Unzurechnungsfähigen oder vermindert Zurechnungsfähigen seine Behandlung oder Versorgung in einer Heil- oder Pflegeanstalt, so überweist das Gericht den Kranken der Verwaltungsbehörde zur Aufnahme in eine solche Anstalt.

Art. 50. Ermächtigt das Gesetz den Richter ausdrücklich, die Strafe nach freiem Ermessen zu mildern, so ist der Richter an die Strafart und das Strafmafs, die für das Verbrechen angedroht sind, nicht gebunden.

Ungarn.[1])

[1]) Vgl. Mayer, Das Ungarische Strafgesetzbuch, Wien 1878, 123. Die geminderte Zurechnungsfähigkeit ist nicht berücksichtigt, aber nur deshalb unberücksichtigt geblieben, weil das aufserordentliche Milderungsrecht für aufserordentliche Fälle zu helfen vermag.

Verzeichnis der Schriftsteller.

Alzheimer 68.
Arndt 23.
v. Arnold 20.
Aschaffenburg 28. 43. 49. 64. 89. 90. 101. 102.

v. **B**ar 73.
Baer 55. 76.
Beling 7.
Benedikt 52. 65.
Bérard 30.
Berner 4. 5.
Berze 93.
Beseler 2.
Binding 11.
Bleuler 56. 76.
de Boeck 52.
Bonhoeffer 61—64. 92.
Boyer 70.
Bremme 91.
Bresler 16.
Bruck 4.
v. Buri 11.

van **C**alker 99.
Camuset 84.
Contagne 52.
Cramer 17. 45. 85. 89.

Dallemagne 9.
Deegen 73.
Delbrück 27. 68. 80—83. 103.
Deputation (wissenschaftliche) 24. 33. 72.
Dörfler 57.
Dornblüth 111.
Dubuisson 29. 68.

Emmert 22.

Feisenberger 58.
Ferri 18. 84.
Finkelnburg 100.
Flemming 14.
Forel 53. 71. 77. 94.
Frank, R. 12.
Frank 112.
Friedel 19. 33. 72.
Fürstner 50. 51.

Gallus 70.
Garofalo 10.
Geib 10.
Geyer 6. 21.
Glaser 70.
Grashey 23.
Gretener 11. 69. 85.
Gutsch 79.

Hamon 9.
Hälschner 3.
v. Holtzendorff 73.
Hospital 29. 69.
Hübbe 99.
Hüpeden 56.

Ideler 1. 110.
Ilberg 28. 49. 58. 68. 85.
Iwanoff 26.

Jessen 4.
Jolly 23. 39.

Kahl 1. 100. 108.
v. Kallina 92.
Kirn 27. 44. 48. 56. 59 f.
Kobner 12.
Koch 25. 36 f. 74 f.
Koeppen 66 ff.
Köhler 103.
Kölle 66 ff.
Kowalewsky 49.
v. Kraewel 66.
v. Krafft-Ebing 21. 34 f. 48. 56. 91.
Krauss 35.
Krohne 76.
Kurella 68.

Lacassagne 70.
Ledig 54.
Legrain 9. 84.
Lenz 41. 95 f.
Leppmann 26. 27. 38. 51. 58. 68. 111.
Liepmann 88. 91.
v. Lilienthal 78.
Liman 73.
v. Liszt 31. 83. 99. 103—108.
Löwenhardt 3.

Mayer 121.
Mendel 15. 16. 23. 46. 57. 85. 88. 89. 102.
Merkel 13. 48.
Meschede 23.
Meyer, Hugo 20. 21.
Meyer, Ludwig 33. 71.
Meyer v. Schauensee 8. 40.
Mittermaier, C. J. A. 20. 71.
Mittermaier, W. 40.
Moeli 75.
Moll 21. 55.
Mundy 73.

Näcke 20. 27. 52. 54. 57. 94.
Nasse 14.
Neumann 25. 72.
Nicoladoni 57.

Olrick 90.
Olshausen 12. 116.
Oppenhoff 12.

Parant 8. 111.
Pelman 22. 42. 88.
Peters 111.
Pollitz 50.
Prins 84.
Proal 10.

Rayneau 68.
Rebatel 70.
Roller 15.
v. Rönne 72. 116.
Rosenfeld 91.
Rüdorff 11.

Saleilles 10.
Samter 30.
Schaefer 28.
Schaper 6.
v. Schrenck-Notzing 1. 47. 66—68. 102. 111.
Schütze 5.
Seuffert 30. 47. 97 f.
Seydel 56.
Siemerling 15.
Simon 14.
Skrzeczka 49.
Spamer 23.
v. Speyr 54. 70. 76.
Stenglein 11.
Stoofs 78. 119.
Stranz 31.
Strafsmann 46. 79.
Sutherland 55.

Tarde 29.

Virchow 24.

v. Waechter 6. 7.
Wahlberg 7.
Weber 1. 86.
Weingart 22. 46. 86 f.
v. Weinrich 8.
Wesnitsch 22.
Westphal 19. 73.
Weygandt 43. 111.
Wildermuth 51.
Wille 1. 12. 40.
Wollenberg 43. 44. 88.

Zimmermann 67.

Druck von Leonhard Simion Nf. in Berlin SW.

FSC
www.fsc.org
MIX
Papier | Fördert
gute Waldnutzung
FSC® C083411

Kolibri 360 GmbH
Ferdinand-Jühlke-Straße 7
99095 Erfurt, Deutschland
produktsicherheit@kolibri360.de